物権債権峻別論批判

Kritik der Lehre von der strengen
Unterscheidung des Schuldrechts und Sachenrechts

大場 浩之
Hiroyuki Oba

成 文 堂

はしがき

　物権とはなにか。債権とはなにか。物権と債権を分けるメルクマールはなにか。この問いは古典的なテーマである。一般的には、物権の性質は直接性・絶対性・排他性にあり、債権は間接性・相対性・非排他性にある、といわれてきた。しかし、この違いはあくまで判断の目安にすぎず、決定的な基準となるものではない。

　また、債権の性質に近い物権もあれば、物権の性質に近い債権もある。さまざまな概念を一定の基準に基づいて区別することにより、その境界線上にまたがる概念が生じてしまうことは、どうしても避けられない。だからといって、区別すること自体が無用ということにはならないであろう。とはいえ、区別をする以上、その基準とそれに基づく結果としてのカテゴリーは、明確である方がより有用である。

　私は、これまで、『不動産公示制度論』（成文堂・2010）と『物権変動の法的構造』（成文堂・2019）の2冊の研究書を公表した。いずれもドイツ法を比較対象としたものである。

　前者においては、不動産登記制度の歴史・土地債務と登記の公信力・仮登記と不動産物権変動論について論じ、登記に公信力を認めるべきとの立法論を示すとともに、不動産所有権移転にあたって意思表示の必要性を前提としつつもその効力発生時を原則として登記時と解すべき、との民法176条の解釈論を提示した。

　後者においては、物権行為・ius ad rem（物への権利）・両概念の関係性について論じ、物権行為の独自性を肯定するとともに、二重譲渡における背信的悪意者性を判断するにあたって物権行為の成立をその判断基準として用いるべきこと、また、ius ad rem の法的性質を明確化するとともに、各権利と ius ad rem の関係性を明らかにした。

　本書も、これら研究成果をうけたものにほかならない。これまでの研究に

おいて、私が一貫して念頭においていたテーマは、物権債権峻別論とそれに対する批判であった。とりわけ、不動産公示制度論における仮登記、物権変動の法的構造における ius ad rem を、物権と債権の狭間にある概念として分析対象とし、物権債権峻別論の意義についても検討してきた。

そして、本書において、正面から物権債権峻別論を批判的に検討することを目的としつつ、その理論的支柱であるドイツ法における物権債権峻別論を分析することとした。したがって、本書は、これまでの私が行ってきたライフワークとしての研究の集大成を示すものとなる。すなわち、当初から描いていた研究計画が、この三部作をもって完結することになる。

物権と債権は、所与の概念ではない。したがって、物権と債権の区別もまた、絶対視される考え方ではない。本書における私の主張は、物権債権峻別論を所与の前提としてではなく、それを批判的に検討することによって、物権債権峻別論の必要性に疑問を投げかけること自体にある。その上で、物権と債権の概念を維持するのであれば、それぞれの法的性質をより明確な内容とし、両者の狭間にある諸概念については、それらがなぜ物権にも債権にもカテゴライズできないのか、を明らかにすることが重要である。

ここのところ、民法に関連する分野で立法作業が頻繁になされてきた。グローバル化の波は、民法学にも押し寄せ続けている。しかし、このような状況だからこそ、民法学者の使命は民法の基礎理論の構築にこそあるのではないか。もちろん、研究と実務の架橋や、各論点の解釈論を明確に提示することも、重要な仕事である。だが、これらの仕事の下支えとなるのは、批判に耐えられる基礎理論である。これこそが学者の本分であると、私は信じる。

本書については、とりわけ校正作業にあたり、梶谷康久氏（朝日大学講師）と李采雨氏（帝京大学助教）から多大なご尽力を賜ることできた。お二方とも私の研究室出身で博士学位を取得され、立派な研究者として活躍されている。内容の乏しい本書がいくらかでも充実したものになっているとすれば、それは両氏のおかげである。もっとも、本書の責任がすべて筆者である私にあることはもちろんである。

そして、このような出版状況の厳しい中、3 冊目の研究書の出版を快諾し

てくださった成文堂社長の阿部成一氏と同編集部長の飯村晃弘氏には、感謝の念にたえない。この場を借りて心より感謝申し上げたい。

　また、本書は、日本学術振興会科学研究費助成事業 2019 年度基盤研究（C）19K01379 の助成を受けて行った研究成果の一部である。

　私事になるが、妻智帆に最大限の感謝の言葉を伝えたい。妻は、私の研究者・教育者・大学人としての生活のみならず、人生そのものを全面的かつ献身的にサポートしてくれている。妻がいなければ、本書が世に出ることはなかったであろう。私の人生は、妻なくしては存在しえない。

2023 年 1 月吉日
城山ホテル鹿児島にて桜島を望みつつ
大場浩之

目　　次

初出一覧

「物権債権峻別論の法的基礎─ローマ法の考察を基礎として─」花房博文＝宮﨑敦＝大野武編『土地住宅の法理論と展開─藤井俊二先生古稀記念論文集─』（成文堂・2019）223-239 頁

「処分行為と公示の関係─ALR における ius ad rem 概念を手がかりとして─」磯村保＝後藤巻則＝窪田充見＝山本敬三編『法律行為法・契約法の課題と展望』（成文堂・2022）131-146 頁

「ドイツ法における物権概念の歴史的変遷─物権債権峻別論の批判的検討を通じて─」早稲田大学法学会編『早稲田大学法学会百周年記念論文集・第二巻・民事法編』（成文堂・2022）71-89 頁

「ドイツ法における制限物権に関する考察─物権法定主義の観点から─」都筑満雄＝白石大＝根本尚徳＝前田太朗＝山城一真編『民法・消費者法理論の展開─後藤巻則先生古稀祝賀論文集─』（弘文堂・2022）597-610 頁

　これら論稿は、本書におさめるにあたり、大幅に修正されている。その上で、多くの書き下ろし部分をくわえることにより、本書はまとめられている。

一　はじめに

1　問題の所在

(1)　仮登記

　日本法はその民法典において、物権と債権を峻別した上で、いわゆるパンデクテンシステムを採用している、とよくいわれる。たしかに、民法典においては、物権編と債権編が分けられている。また、物権の特徴は、直接性・絶対性・排他性にあり、債権の特徴は、間接性と相対性しか有しておらず、かつ、排他性がないことにあるとされる[1]。このように、物権と債権は分けることができ、かつ、分けるべきである、と考えるのは当然のことのように思われる。

　しかし、それぞれの権利を分析してみると、物権と債権の峻別が容易ではないことは、すぐにわかる。たとえば、不動産の所有者は所有権という物権を有する者ではあるが、対抗要件としての登記を備えなければ、第三者に対抗することができない（民法 177 条）。第三者が登記を先に経由した場合には、それまで所有者とされていた者が所有権を失う。つまり、物権を有していたにもかかわらず、その物権は絶対性や排他性を有していなかったことになる。

　これに対して、不動産の買主が、売主に対する特定物引渡請求権を仮登記した場合（不動産登記法 105 条 2 号）には、買主はいまだ物権を取得してはいないにもかかわらず、仮登記の順位保全効（不動産登記法 106 条）を通じて、実質的に第三者を排除できる権利をもつ。このことは、債権に絶対性が付与された、とも評価できる[2]。

　そして、BGB（ドイツ民法典）においても、日本法と同じく、あるいは、日

1）物権の典型である所有権（民法 206 条）と、債権の典型である貸金債権（民法 587 条）の特徴は、物権と債権それ自体の特徴とまさに一致する。

本法以上に、物権債権峻別論が徹底されており、かつ、パンデクテンシステムが採用されている、といわれている。しかし、ドイツ法にも、仮登記制度（BGB 883 条 1 項[3]・888 条 1 項[4]）が存在している。ここでも、所有権の移転を求めることを目的とする請求権に対して、それが債権であるにもかかわらず、事実上の絶対効が付与されている。

　このように、仮登記制度を一例としてとりあげてみることだけでも、日本法とドイツ法における物権債権峻別論が貫徹されていないことが、よくわかる。

2）仮登記制度について、詳しくは、大場浩之『不動産公示制度論』（成文堂・2010）261 頁以下、および、同「仮登記制度と不動産物権変動論—物権債権峻別論を基軸として—」私法 76・139 以下（2014）などを参照。

3）以下、適宜、BGB（ドイツ民法典）の条文とその日本語訳を脚注に掲げる。なお、BGB の条文の日本語訳は、エルヴィン・ドイチュ＝ハンス・ユルゲン・アーレンス著・浦川道太郎訳『ドイツ不法行為法』（日本評論社・2008）328 頁以下、ディーター・ライポルト著・円谷峻訳『ドイツ民法総論—設例・設問を通じて学ぶ—（第 2 版）』（成文堂・2015）550 頁以下、および、マンフレート・ヴォルフ＝マリーナ・ヴェレンホーファー著・大場浩之＝水津太郎＝鳥山泰志＝根本尚徳訳『ドイツ物権法』（成文堂・2016）603 頁以下による。また、BGB 以外のドイツ法関連条文についても、適宜、脚注に掲げることとしたい。本文とあわせて検討することが便宜だからである。

BGB § 883 (1)：Zur Sicherung des Anspruchs auf Einräumung oder Aufhebung eines Rechts an einem Grundstück oder an einem das Grundstück belastenden Recht oder auf Änderung des Inhalts oder des Ranges eines solchen Rechts kann eine Vormerkung in das Grundbuch eingetragen werden. Die Eintragung einer Vormerkung ist auch zur Sicherung eines künftigen oder eines bedingten Anspruchs zulässig.

(2)：Eine Verfügung, die nach der Eintragung der Vormerkung über das Grundstück oder das Recht getroffen wird, ist insoweit unwirksam, als sie den Anspruch vereiteln oder beeinträchtigen würde. Dies gilt auch, wenn die Verfügung im Wege der Zwangsvollstreckung oder der Arrestvollziehung oder durch den Insolvenzverwalter erfolgt.

(3)：Der Rang des Rechts, auf dessen Einräumung der Anspruch gerichtet ist, bestimmt sich nach der Eintragung der Vormerkung.

ドイツ民法典第 883 条第 1 項：仮登記は、土地を目的とする権利もしくはその権利を目的とする権利の承諾請求権もしくは放棄請求権または権利の内容もしくは順位の変更請求権を保全するため、これを土地登記簿に登記することができる。仮登記は、将来の請求権または条件付きの請求権を保全するためにも、これを登記することができる。

第 2 項：仮登記の後に土地または権利についてされた処分は、これが前項の請求権の全部または一部と抵触する限りで、その効力を有しない。強制執行もしくは仮差押えの手続においてされ、または倒産管財人によってされた処分についても、同様とする。

第 3 項：請求権の目的が権利の承諾であるときは、その権利の順位は、仮登記によって、これを定める。

(2)　物権行為

　さらに、日本においては、物権行為の独自性を認めないとする見解が通説を形成している[5]。判例も同じく物権行為の独自性を否定する[6]。物権と債権の区別を前提とする体系を採用していながら、法律行為のレベルにおいては、物権行為と債権行為を区別しない、というのである。この考え方に従って、物権行為の独自性を認めないのであれば、不動産所有権の移転は売買契約に代表される債権的法律行為によってのみ、その効果が生じる（民法176条・555条）[7]。

　しかし、債権のレベルでなされる売買契約によって、なぜ直接、物権のレベルである所有権の移転の効果が導かれるのか。そこには、論理の飛躍があるといわざるをえない。また、売買契約に基づく売主の義務として、財産権移転義務が定められている（民法555条）。この文言を素直に解釈すれば、売買契約がなされただけでは所有権はまだ移転していない、ということになる。この点からしても、判例のいう契約時移転説に対しては異論がありうる。

　もっとも、たしかに、売買契約は所有権などの移転を本質的な目的としているから、売買契約と所有権の移転を直接に関連づけることは不可能とまではいえない。しかし、たとえば、消費貸借契約と抵当権設定の間には、経済的な観点から密接な関係をみることはできるが、両者はかならずしも併存し

---

4) BGB § 888 (1)：Soweit der Erwerb eines eingetragenen Rechts oder eines Rechts an einem solchen Recht gegenüber demjenigen, zu dessen Gunsten die Vormerkung besteht, unwirksam ist, kann dieser von dem Erwerber die Zustimmung zu der Eintragung oder der Löschung verlangen, die zur Verwirklichung des durch die Vormerkung gesicherten Anspruchs erforderlich ist.
(2)：Das Gleiche gilt, wenn der Anspruch durch ein Veräußerungsverbot gesichert ist. ドイツ民法典第888条第1項：仮登記によって利益を受ける者は、登記された権利またはその権利を目的とする権利の取得が自己に対して効力を有しないときは、その取得者に対して、仮登記によって保全される請求権を実現するのに必要な登記または抹消に同意することを請求することができる。
第2項：請求権が譲渡の禁止によって保全されるときも、前項と同様とする。
5) 我妻栄著・有泉亨補訂『新訂・物権法（民法講義Ⅱ）』（岩波書店・1982）56頁以下などを参照。
6) たとえば、大判明28・11・7民録1・4・28以下などを参照。
7) もっとも、所有権移転の原因と時期の問題は、別個に判断されるべきである。この点につき、川島武宜『新版・所有権法の理論』（岩波書店・1987）222頁以下を参照。

なければならないわけではない。このため、抵当権設定の効果を、消費貸借契約から直接導き出すことはできない。したがって、すくなくともその限りにおいて、抵当権設定の効果を直接もたらすことのできるなんらかの法律行為の存在を認めざるをえないのである。ここにも、物権行為の独自性を完全に否定することのできない理由がある。

(3) 物権と債権の狭間の権利

　これに対して、ドイツ法は、物権行為の独自性を肯定している[8]。この点に

8）なお、土地所有権を譲渡するにあたっては、Auflassung（アウフラッスンク）という物権行為が要件とされている（BGB 925 条 1 項 1 文・925a 条・311b 条 1 項 1 文）。さらに、ドイツ法は、物権行為の無因性についても肯定している。これについては、*Astrid Stadler*, Gestaltungsfreiheit und Verkehrsschutz durch Abstraktion -rechtsvergleichende Studie zur abstrakten und kausalen Gestaltung rechtsgeschäftlicher Zuwendungen anhand des deutschen, schweizerischen, österreichischen, französischen und US-amerikanischen Rechts-, Tübingen 1996, S. 76 ff. を参照。また、ドイツ法は、物権変動について効力要件主義を採用している。すなわち、目的物が土地である場合には登記（BGB 873 条 1 項）が、動産である場合には引渡し（BGB 929 条）がなされなければ、所有権移転の効果は発生しない。そして、日本法とは異なり、動産占有だけではなく（BGB 932 条 1 項）、登記にも公信力が認められている（BGB 892 条 1 項）。
BGB § 925 (1)：Die zur Übertragung des Eigentums an einem Grundstück nach § 873 erforderliche Einigung des Veräußerers und des Erwerbers（Auflassung）muss bei gleichzeitiger Anwesenheit beider Teile vor einer zuständigen Stelle erklärt werden. Zur Entgegennahme der Auflassung ist, unbeschadet der Zuständigkeit weiterer Stellen, jeder Notar zuständig. Eine Auflassung kann auch in einem gerichtlichen Vergleich oder in einem rechtskräftig bestätigten Insolvenzplan erklärt werden.
(2)：Eine Auflassung, die unter einer Bedingung oder einer Zeitbestimmung erfolgt, ist unwirksam.
ドイツ民法典第 925 条第 1 項：第 873 条により土地所有権の譲渡に必要な譲渡人と譲受人との間の合意（アウフラッスンク）は、当事者双方が管轄官庁に同時に出頭して、これを表明しなければならない。いかなる公証人も、他の官庁の管轄にかかわらず、アウフラッスンクの受領につき管轄を有する。アウフラッスンクは、裁判上の和解または確定力をもって認可された倒産処理計画においても、これを表明することができる。
第 2 項：条件または期限を付けてしたアウフラッスンクは、これを無効とする。
BGB § 925a：Die Erklärung einer Auflassung soll nur entgegengenommen werden, wenn die nach § 311b Abs. 1 Satz 1 erforderliche Urkunde über den Vertrag vorgelegt oder gleichzeitig errichtet wird.
ドイツ民法典第 925a 条：アウフラッスンクの意思表示は、第 311b 条第 1 項第 1 文により必要な契約証書が呈示され、または同時に作成されたときに限り、これを受領するものとする。

BGB § 311b（1）：Ein Vertrag, durch den sich der eine Teil verpflichtet, das Eigentum an einem Grundstück zu übertragen oder zu erwerben, bedarf der notariellen Beurkundung. Ein ohne Beachtung dieser Form geschlossener Vertrag wird seinem ganzen Inhalt nach gültig, wenn die Auflassung und die Eintragung in das Grundbuch erfolgen.

（2）：Ein Vertrag, durch den sich der eine Teil verpflichtet, sein künftiges Vermögen oder einen Bruchteil seines künftigen Vermögens zu übertragen oder mit einem Nießbrauch zu belasten, ist nichtig.

（3）：Ein Vertrag, durch den sich der eine Teil verpflichtet, sein gegenwärtiges Vermögen oder einen Bruchteil seines gegenwärtigen Vermögens zu übertragen oder mit einem Nießbrauch zu belasten, bedarf der notariellen Beurkundung.

（4）：Ein Vertrag über den Nachlass eines noch lebenden Dritten ist nichtig. Das Gleiche gilt von einem Vertrag über den Pflichtteil oder ein Vermächtnis aus dem Nachlass eines noch lebenden Dritten.

（5）：Absatz 4 gilt nicht für einen Vertrag, der unter künftigen gesetzlichen Erben über den gesetzlichen Erbteil oder den Pflichtteil eines von ihnen geschlossen wird. Ein solcher Vertrag bedarf der notariellen Beurkundung.

ドイツ民法典第311b条第1項：当事者の一方が不動産所有権を譲渡または取得することを義務づけられる契約は、公正証書を必要とする。この方式をふまずに締結された契約は、所有権譲渡の合意および登記が登記簿にされるとき、その内容全体として有効となる。

第2項：当事者の一方が、将来の財産または将来の財産の一部分を譲渡またはそれらに用益権を設定することを義務づけられる契約は、無効である。

第3項：当事者の一方が、現在の財産または財産の一部分を譲渡またはそれらに用益権の設定を義務づけられる契約については、公正証書を必要とする。

第4項：いまだ生存する第三者の相続財産に関する契約は、無効である。いまだ生存する第三者の相続財産の遺留分または同財産の遺贈に関する契約についても、同様である。

第5項：本条4項は、将来の法定相続のもとに、法定相続分またはそれらの遺留分に関して締結される契約には適用されない。その契約には公正証書を必要とする。

BGB § 873（1）：Zur Übertragung des Eigentums an einem Grundstück, zur Belastung eines Grundstücks mit einem Recht sowie zur Übertragung oder Belastung eines solchen Rechts ist die Einigung des Berechtigten und des anderen Teils über den Eintritt der Rechtsänderung und die Eintragung der Rechtsänderung in das Grundbuch erforderlich, soweit nicht das Gesetz ein anderes vorschreibt.

（2）：Vor der Eintragung sind die Beteiligten an die Einigung nur gebunden, wenn die Erklärungen notariell beurkundet oder vor dem Grundbuchamt abgegeben oder bei diesem eingereicht sind oder wenn der Berechtigte dem anderen Teil eine den Vorschriften der Grundbuchordnung entsprechende Eintragungsbewilligung ausgehändigt hat.

ドイツ民法典第873条第1項：土地を目的とする所有権の移転、土地を目的とする権利の設定またはその権利を目的とする権利の設定もしくは移転には、権利者と相手方との間で権利の変動に関する合意をし、かつ、権利の変動を土地登記簿に登記しなければならない。ただし、法律に別段の定めがあるときは、この限りでない。

第2項：前項の合意は、この意思表示が公証人の認証を受け、土地登記所において表明

され、もしくは土地登記所に対して書面によって申請され、または権利者が意思表示の
相手方に土地登記法の定めるところによる登記許諾を与えたときは、登記がされる前に
おいても、当事者を拘束する。
BGB § 929 : Zur Übertragung des Eigentums an einer beweglichen Sache ist
erforderlich, dass der Eigentümer die Sache dem Erwerber übergibt und beide darüber
einig sind, dass das Eigentum übergehen soll. Ist der Erwerber im Besitz der Sache, so
genügt die Einigung über den Übergang des Eigentums.
ドイツ民法典第929条：動産の所有権を譲渡するには、所有者が取得者に物を引き渡し、
かつ、当事者双方が所有権の譲渡を合意しなければならない。取得者が物を占有すると
きは、所有権の譲渡に係る合意をすればたりる。
BGB § 932 (1) : Durch eine nach § 929 erfolgte Veräußerung wird der Erwerber auch
dann Eigentümer, wenn die Sache nicht dem Veräußerer gehört, es sei denn, dass er zu
der Zeit, zu der er nach diesen Vorschriften das Eigentum erwerben würde, nicht in
gutem Glauben ist. In dem Falle des § 929 Satz 2 gilt dies jedoch nur dann, wenn der
Erwerber den Besitz von dem Veräußerer erlangt hatte.
(2) : Der Erwerber ist nicht in gutem Glauben, wenn ihm bekannt oder infolge grober
Fahrlässigkeit unbekannt ist, dass die Sache nicht dem Veräußerer gehört.
ドイツ民法典第932条第1項：物が譲渡人に帰属しない場合においても、譲受人は、第
929条に従ってされた譲渡によって、その所有者となるものとする。ただし、この規定に
より譲受人が所有権を取得する時に善意でなかったときは、この限りでない。第929条
第2文に規定する場合においては、本条は、譲受人が譲渡人から占有を取得したときに
限り、これを適用する。
第2項：譲受人は、物が譲渡人に帰属しないことを知り、または重大な過失によって知
らなかったときは、善意でないものとする。
BGB § 892 (1) : Zugunsten desjenigen, welcher ein Recht an einem Grundstück oder
ein Recht an einem solchen Recht durch Rechtsgeschäft erwirbt, gilt der Inhalt des
Grundbuchs als richtig, es sei denn, dass ein Widerspruch gegen die Richtigkeit
eingetragen oder die Unrichtigkeit dem Erwerber bekannt ist. Ist der Berechtigte in der
Verfügung über ein im Grundbuch eingetragenes Recht zugunsten einer bestimmten
Person beschränkt, so ist die Beschränkung dem Erwerber gegenüber nur wirksam,
wenn sie aus dem Grundbuch ersichtlich oder dem Erwerber bekannt ist.
(2) : Ist zu dem Erwerb des Rechts die Eintragung erforderlich, so ist für die Kenntnis des
Erwerbers die Zeit der Stellung des Antrags auf Eintragung oder, wenn die nach § 873
erforderliche Einigung erst später zustande kommt, die Zeit der Einigung maßgebend.
ドイツ民法典第892条第1項：土地登記簿の内容は、土地を目的とする権利またはその
権利を目的とする権利を法律行為によって取得した者の利益のために、これを真正なも
のとみなす。ただし、その真正に対して異議が登記され、またはその不真正を取得者が
知るときは、この限りでない。権利者が土地登記簿に登記された権利の処分につき、特
定の者のために制限を受けたときは、この制限は、これが土地登記簿から明らかであり、
または取得者がそれを知るときに限り、取得者に対して、その効力を有する。
第2項：取得者による前項の事実の了知は、権利の取得に登記を要する場合においては、
登記の申請をした時を基準とする。その場合において、第873条により必要となる合意
が登記よりも後に成立したときは、合意をした時を基準とする。

おいて、日本法よりも物権と債権の区別は維持されている。しかも、ドイツ法は、物権行為と債権行為の関係性を遮断してもいる。このことは、まさに物権債権峻別論を採用した顕著な例といえる。しかし、この物権行為概念以外の法制度および法概念に目を向けてみると、ドイツ法においても、物権と債権の狭間にあるように思われるものが多く存在する。

たとえば、占有改定（BGB 930 条[9]）や返還請求権の譲渡（BGB 931 条[10]）によって動産所有権を取得した者、売主が処分制限（BGB 137 条[11]）を受けていた場合の買主、売買契約を締結したが物権をまだ取得していない買主（期待権について、BGB 160 条 1 項[12]・161 条 1 項[13]・162 条 2 項[14]、先買権について、463

9）BGB § 930：Ist der Eigentümer im Besitz der Sache, so kann die Übergabe dadurch ersetzt werden, dass zwischen ihm und dem Erwerber ein Rechtsverhältnis vereinbart wird, vermöge dessen der Erwerber den mittelbaren Besitz erlangt.
ドイツ民法典第 930 条：所有者が物を占有するときは、その引渡しは、所有者および取得者が取得者に間接占有を取得させる法律関係を合意することをもって代えることができる。

10）BGB § 931：Ist ein Dritter im Besitz der Sache, so kann die Übergabe dadurch ersetzt werden, dass der Eigentümer dem Erwerber den Anspruch auf Herausgabe der Sache abtritt.
ドイツ民法典第 931 条：第三者が物を占有するときは、その引渡しは、所有者が取得者に物の返還請求権を譲渡することをもって代えることができる。

11）BGB § 137：Die Befugnis zur Verfügung über ein veräußerliches Recht kann nicht durch Rechtsgeschäft ausgeschlossen oder beschränkt werden. Die Wirksamkeit einer Verpflichtung, über ein solches Recht nicht zu verfügen, wird durch diese Vorschrift nicht berührt.
ドイツ民法典第 137 条：譲渡される権利の処分権限は、法律行為によっては排除または制限されえない。そのような権利を処分しないとの債務の有効性は、本規定によっては影響を受けない。

12）BGB § 160（1）：Wer unter einer aufschiebenden Bedingung berechtigt ist, kann im Falle des Eintritts der Bedingung Schadensersatz von dem anderen Teil verlangen, wenn dieser während der Schwebezeit das von der Bedingung abhängige Recht durch sein Verschulden vereitelt oder beeinträchtigt.
（2）：Den gleichen Anspruch hat unter denselben Voraussetzungen bei einem unter einer auflösenden Bedingung vorgenommenen Rechtsgeschäft derjenige, zu dessen Gunsten der frühere Rechtszustand wieder eintritt.
ドイツ民法典第 160 条第 1 項：停止条件付きで権利を有する者は、相手方が不確定な時期に条件にかかわる権利をその故意・過失で挫折させる場合、または、侵害する場合において、条件が成就されたときには、相手方に損害賠償を請求することができる。
第 2 項：解除条件のもとにされた法律行為の場合、それ以前の法的状態が自らのために再び生じる者は、前項と同じ要件のもとに同様の請求権を有する。

条[15)]・464 条 1 項・2 項[16)]・1094 条 1 項[17)]・1098 条 2 項[18)]）、そして、自らの特定

---

13) BGB § 161 (1)：Hat jemand unter einer aufschiebenden Bedingung über einen
Gegenstand verfügt, so ist jede weitere Verfügung, die er während der Schwebezeit
über den Gegenstand trifft, im Falle des Eintritts der Bedingung insoweit unwirksam,
als sie die von der Bedingung abhängige Wirkung vereiteln oder beeinträchtigen
würde. Einer solchen Verfügung steht eine Verfügung gleich, die während der
Schwebezeit im Wege der Zwangsvollstreckung oder der Arrestvollziehung oder durch
den Insolvenzverwalter erfolgt.
(2)：Dasselbe gilt bei einer auflösenden Bedingung von den Verfügungen desjenigen,
dessen Recht mit dem Eintritt der Bedingung endigt.
(3)：Die Vorschriften zugunsten derjenigen, welche Rechte von einem Nichtberech-
tigten herleiten, finden entsprechende Anwendung.
ドイツ民法典第 161 条第 1 項：ある者が停止条件のもとに目的物を処分した場合には、
その目的物について不確定な状態の間にされたすべての処分は、条件が成就したときに
はその処分が条件に従属する効力を挫折させ、または侵害する限りで、無効となる。不
確定な状態が強制執行もしくは仮差押執行の方法により、または、破産管財人により生
じる処分は、本項 1 文での処分と同じである。
第 2 項：その権利が条件の成就で終了する者による処分に関する解除条件の場合も同様
である。
第 3 項：その権利が無権限者によって行われる者のための諸規定は、準用される。
14) BGB § 162 (1)：Wird der Eintritt der Bedingung von der Partei, zu deren Nachteil er
gereichen würde, wider Treu und Glauben verhindert, so gilt die Bedingung als eingetreten.
(2)：Wird der Eintritt der Bedingung von der Partei, zu deren Vorteil er gereicht, wider
Treu und Glauben herbeigeführt, so gilt der Eintritt als nicht erfolgt.
ドイツ民法典第 162 条第 1 項：条件の成就により不利となる当事者によって、信義およ
び誠実に反して条件の成就が妨げられるとき、条件は成就したものとみなされる。
第 2 項：条件の成就により有利となる当事者によって、信義および誠実に反して条件の
成就が招来されるとき、その成就は生じなかったものとみなされる。
15) BGB § 463：Wer in Ansehung eines Gegenstandes zum Vorkauf berechtigt ist, kann
das Vorkaufsrecht ausüben, sobald der Verpflichtete mit einem Dritten einen
Kaufvertrag über den Gegenstand geschlossen hat.
ドイツ民法典第 463 条：目的物の先買権を有する者は、義務者がその目的物に関する売
買契約を第三者と締結した場合に、先買権を行使することができる。
16) BGB § 464 (1)：Die Ausübung des Vorkaufsrechts erfolgt durch Erklärung
gegenüber dem Verpflichteten. Die Erklärung bedarf nicht der für den Kaufvertrag
bestimmten Form.
(2)：Mit der Ausübung des Vorkaufsrechts kommt der Kauf zwischen dem
Berechtigten und dem Verpflichteten unter den Bestimmungen zustande, welche der
Verpflichtete mit dem Dritten vereinbart hat.
ドイツ民法典第 464 条第 1 項：先買権の行使は、義務者に対する意思表示によって行う。
この意思表示は、売買契約に関する特別な方式であることを要しない。
第 2 項：先買権の行使により、先買権者と義務者の間に、義務者が第三者と合意した内
容の売買契約が成立する。

物債権を侵害された債権者などの、それぞれの法的地位である。

　まず、占有改定や返還請求権の譲渡を通じて動産所有権を取得した者は、物権を有してはいるが、目的物の直接占有を有していない。このため、第三者による善意取得（BGB 932 条 1 項）によって、所有権を失う可能性がより高まる。

　そして、売主に処分制限が課されているにもかかわらず、その目的物を取得した者は、物権を取得することはできるけれども、債務法上の制限を受けるため、物権をあらためて失うおそれがある（BGB 137 条）。

　また、期待権や先買権を有する者は、物権を厳密にはまだ取得してはいない。しかし、所定の要件に基づいて絶対効を有する権利を行使することがで

---

17)　BGB § 1094 (1)：Ein Grundstück kann in der Weise belastet werden, dass derjenige, zu dessen Gunsten die Belastung erfolgt, dem Eigentümer gegenüber zum Vorkauf berechtigt ist.
(2)：Das Vorkaufsrecht kann auch zugunsten des jeweiligen Eigentümers eines anderen Grundstücks bestellt werden.
ドイツ民法典第 1094 条第 1 項：土地は、先買権の目的とすることができる。先買権者は、所有者に対して先買することができる。
第 2 項：先買権は、他の土地の所有者のためにも、これを設定することができる。
18)　BGB § 1098 (1)：Das Rechtsverhältnis zwischen dem Berechtigten und dem Verpflichteten bestimmt sich nach den Vorschriften der §§ 463 bis 473. Das Vorkaufsrecht kann auch ausgeübt werden, wenn das Grundstück von dem Insolvenzverwalter aus freier Hand verkauft wird.
(2)：Dritten gegenüber hat das Vorkaufsrecht die Wirkung einer Vormerkung zur Sicherung des durch die Ausübung des Rechts entstehenden Anspruchs auf Übertragung des Eigentums.
(3)：Steht ein nach § 1094 Abs. 1 begründetes Vorkaufsrecht einer juristischen Person oder einer rechtsfähigen Personengesellschaft zu, so gelten, wenn seine Übertragbarkeit nicht vereinbart ist, für die Übertragung des Rechts die Vorschriften der §§ 1059a bis 1059d entsprechend.
ドイツ民法典第 1098 条第 1 項：先買権者と義務者との間の法律関係は、第 463 条から第 473 条までの規定により、これを定める。先買権は、倒産管財人が土地を任意に売却したときも、これを行使することができる。
第 2 項：先買権は、第三者に対しては、権利の行使によって発生する所有権移転請求権を保全するための仮登記の効力を有する。
第 3 項：第 1094 条第 1 項により設定された先買権が法人または権利能力を有する人的会社に帰属する場合において、その譲渡が可能なことが合意されていないときは、その権利の譲渡について第 1059a 条から第 1059d 条までの規定を準用する。

きる（BGB 161 条 1 項・463 条）。

　さらに、土地所有権の二重売買がなされ、第二買主が第一買主よりも先に登記を備えたけれども、第一買主との関係における第二買主の態様が良俗違反の不法行為（BGB 826 条[19]）に該当する場合には、第一買主は債権者であるにもかかわらず、第二買主に対して直接請求する権利をもつ、とされている[20]。つまり、この買主の権利は、債権であるにもかかわらず絶対性を有しているのである。

　この絶対性を有する債権は、法制史上、ius ad rem（物への権利）と称されてきた[21]。ius ad rem は、まさに物権と債権の狭間にある権利として、その存在が明確に認められることがあった。すなわち、いまだ債権ではあるけれども、物と密接に結びついた権利を有する債権者を保護する必要性から、所定の要件に基づいてその債権に絶対効を付与するという制度である。

　たしかに、BGB においては、物権債権峻別論を前提とした体系が示されているため、ius ad rem の存在をできる限り否定するような立法と解釈が展開されてはいる。ところが、それでもなお、その存在を認めざるをえない法現象が生じてしまっているのである。

　これら法概念および法制度のように、ドイツ法においても、物権でありながら相対性しか有しない権利や、債権でありながら絶対性を有する権利が存在している。この事実は、ドイツ法における物権債権峻別論が大きく揺らい

---

19) BGB § 826：Wer in einer gegen die guten Sitten verstoßenden Weise einem anderen vorsätzlich Schaden zufügt, ist dem anderen zum Ersatz des Schadens verpflichtet.
　　ドイツ民法典第 826 条：善良の風俗に反する方法で他人に対し故意に損害を加えた者は、その他人に対し損害を賠償する義務を負う。

20) たとえば、BGHZ 14, 313 ff. などを参照。

21) ius ad rem（物への権利）については、好美清光「Jus ad rem とその発展的消滅─特定物債権の保護強化の一断面─」一橋大学法学研究 3・179 以下（1961）、同「Jus ad rem とその発展的消滅─特定物債権の保護強化の一断面─」私法 23・77 以下（1961）、および、小川浩三「ius ad rem 概念の起源について─中世教会法学の権利論の一断面─」中川良延・平井宜雄・野村豊弘・加藤雅信・瀬川信久・広瀬久和・内田貴編『日本民法学の形成と課題・星野英一先生古稀祝賀(上)』（有斐閣・1996）331 頁以下などを参照。また、ドイツ法の観点から ius ad rem を分析するものとして、*Ralf Michaels*, Sachzuordnung durch Kaufvertrag -Traditionsprinzip, Konsensprinzip, ius ad rem in Geschichte, Theorie und geltendem Recht-, Berlin 2002 を参照。

でいる証左である。

2　課題の設定

⑴　物権債権峻別論の批判的検討

　以上のことから、日本法においてもドイツ法においても、物権債権峻別論が貫徹されていないことは明らかである。そうだとすれば、物権と債権を区別する意義はどこにあるのか。かりにその意義があるとしても、どのような基準に基づいて諸権利を区別し、それでもなおその基準にそくして区別することができない諸権利をどのように扱うべきなのか。ここに、物権債権峻別論を批判的に検討すべき理由がある。

⑵　これまでの研究との関係

　筆者は、これまで、不動産登記の観点から形式と物権の関係を考察し[22]、さらに、物権行為と ius ad rem の観点から、意思と契約、そして、物権変動の法的構造を検討してきた[23]。いずれの研究においても、物権と債権の法的性質や、両概念の区別におさまらない制度および権利を、分析の対象としてきた。したがって、本書は、これら研究の発展のかたちをとる。

　まず、不動産公示制度論として、ドイツ法を比較対象としながら、不動産公示制度の歴史的変遷過程をたどり、ドイツ法上の土地債務制度と登記の公信力の関係性について検討するとともに、仮登記制度の存在を民法 176 条の解釈論にいかしながら、日本法における不動産所有権移転時期の問題について、原則としての登記時説を主張した。

　そして、物権変動の法的構造として、これについてもドイツ法を分析対象としつつ、物権行為概念と ius ad rem 概念の歴史的な関係性を検証しながら、所有権の二重譲渡における背信的悪意者性を判断するにあたって物権行為の成立の有無を基準とすることを提唱し、さらには、ius ad rem の法的性

---

22)　大場・前掲注 2 『不動産公示制度論』を参照。
23)　大場浩之『物権変動の法的構造』（成文堂・2019）を参照。

質を明確にした上で、現行法における諸権利の ius ad rem としての位置づけ
について考察した。

(3)　法制史の観点

　そこで本書においては、これまでの研究成果をふまえて、ドイツ法におけ
る物権債権峻別論を批判的に検討する。そのためには、まず、物権債権峻別
論がどのような歴史的経緯を経て発展してきたのかについて、正確に知る必
要がある。本書の主たる目的の一端は、ここにある。
　具体的には、ローマ法にまでさかのぼって検討をくわえる必要がある。ロー
マ法においても、すでに物権と債権の区別が認識されていたからである。もっ
とも、それぞれの区別がより厳密に意識され、かつ、立法にも反映されるよ
うになったのは、さらに近代になってからであった。このため、ローマ法の
分析に引き続いて、ドイツ法における物権債権峻別論の経緯を検証しなけれ
ばならない。このように、物権と債権の境界、あるいは、物権と債権の狭間
にある権利について、歴史的な観点から横断的な考察をする必要がある。

(4)　物権債権峻別不要論

　そもそも、物権債権峻別論は現行法において厳然と存在しているのであろ
うか。それとも、物権と債権の概念は、あくまで一定の区別がなされている
にすぎないのであろうか[24]。また、物権と債権の区別は、今後も維持される
べきなのであろうか[25]。この問いは、民法の体系論と密接に関係してくる。
　物権と債権の峻別は所与の前提ではない。法典の編纂方式にしても、周知

---

24)　日本法におけるいわゆる賃借権の物権化をめぐる議論をふまえてみても、物権と債権
　の境界があいまいなことは、もはや異論の余地がない。この点につき、たとえば、水本
　浩「賃借権の物権化を巡る若干の問題」私法 29・300 以下（1967）などを参照。
25)　とりわけ、*Jens Thomas Füller*, Eigenständiges Sachenrecht?, Tübingen 2006, S. 526 ff.
　は、物権概念を否定する。そもそも、ドイツ法においてすら、物権行為の独自性は認め
　つつも、その無因性までも認めることには批判が強い。日本法においても、売買契約の
　成立をもって所有権の移転を認める判例の立場は、限定的とはいえ、実質的な利益にか
　んがみて、ここでは物権と債権の区別を放棄している、と評価できるだろう。この点に
　つき、大判大 2・10・25 民録 19・857 以下などを参照。

のとおり、パンデクテン方式以外に、人事、財産および財産取得などを対象
としたインスティトゥティオーネン方式もある。さらには、判例法主義をと
る英米法圏においては、契約、不法行為、財産および家族などを基礎として
解釈論が展開されている。そこでは、人と物の関係および人と人の関係を抽
象化した物権と債権の概念は、希薄であるか、もしくは、観念されない。

とはいえ、財産の帰属と移転の領域を区別し、かつ、人と物の関係と人と
人の関係を区別して理解することには、一定の合理性もある[26]。権利の主体
としての人と権利の客体としての物を分けることは、法制史上の重要な成果
であって、一概に否定することはできない。さらには、物権の特徴[27]として
の直接性、絶対性および排他性と、債権の特徴としての間接性、相対性およ
び非排他性は、当該権利の内容を把握するための有益な指針となりうる[28]。

しかし、これに対して、物権であるにもかかわらず絶対性を有しない権利
が存在する。たとえば、日本法上の対抗要件を備えていない所有権が典型例
である。また、債権であるにもかかわらず絶対性を有する権利もある。具体
例として、借地借家法が適用される賃借権をあげることができる。とくに後
者は、当初は債権の原則としての法的性質のみが認められていたところ、そ
の後に特別法を制定することにより、権利の強化が図られたものである。

これらのことから、物権と債権の区別を批判的に検討し、両概念を解体す
るべきかどうかも含めて、あるいは、両概念の有用性がどこに残されている
かの探求もしながら、解釈論と立法論を展開することが求められる[29]。

とりわけ、物権が有する法的性質にかんがみて物権法定主義が採用されて
いるところ、物権法定主義の存在意義・各制限物権の法的位置づけ・制限物

---

26) ドイツ法に関して、財貨帰属の問題を論じるものとして、*Alexander Peukert*, Güter-
zuordnung als Rechtsprinzip, Tübingen 2008 がある。とりわけ、その S. 793 ff. を参照。

27) 物権の特徴としての物権法定主義について、ドイツ法におけるその展開については、
Christoph Alexander Kern, Typizität als Strukturprinzip des Privatrechts, Tübingen
2013, S. 67 ff. が詳しい。

28) この点において、典型契約がもつ意義と比較することもできる。とりわけ、大村敦志
『典型契約と性質決定』（有斐閣・1997）304 頁以下を参照。

29) 民法関連のさまざまな改正が実現している現代において、物権債権峻別論と法典論を
正面から取り扱うことは、もはや不可避であるといえる。

権と債権の異同は、物権債権峻別論を批判的に検討するにあたって有用な視
座となろう。

3　本書の構成

(1)　総　論

　以上の問題意識と課題設定をふまえて、本書は以下の構成をとる。まず、
ローマ法にさかのぼって物権債権峻別論の淵源を探る。つづいて、ドイツ法
において、物権債権峻別論がどのように展開し、一定の完成をみることになっ
たのかを分析する。その上で、日本法をにらみながら、物権と債権の境界に
ついて横断的な検討を行う。

(2)　各　論

　具体的には、つぎのとおりである。まず、ローマ法については、時代を分
けて考察する。すなわち、共和政前期、共和政後期、および、古典期である。
それから、ユスティニアヌス帝による法典編纂をとりあげる。

　つづいて、ドイツ法については、中世のゲルマン法を皮切りに、ローマ法
の継受、さらに自然法を検討した上で、BGB の内容をみていく。そこでは、
とくに、物権の法的性質がどのように把握されていたのかが、中心的な課題
となる。

　物権債権峻別論を分析するためには、まず抽象的な権利論の観点から検討
を行うことが重要である。もっとも、これにとどまらず、それぞれの時代お
よび地域において、物権あるいは債権と位置づけられていた権利が具体的に
どのような法的性質を有するものと理解されていたのかについても、検討し
なければならない。

　そして、債権法が任意法規を多く含んでいること、また、契約自由の原則
が認められていることにかんがみると、まず物権法あるいは物権に着目して
分析を行った方が、物権債権峻別論の理解を深めるためには、より適切であ
ろう。今日の観点からしても、債権あるいは契約の重要性は異論のないとこ

ろである。むしろ、物権の独自性の意義が、問題とされているのである[30]。

---

30) 債権と物権の二重性について、*Füller*, a.a.O. 25, S. 8 ff. を参照。

二　ローマ法

1　序

(1)　時代区分

　ローマあるいはローマ法を検討するにあたって、その時代区分をどのように理解するか。ここでは、前述したとおり、共和政前期、共和政後期、古典期に分けた上で、ユスティニアヌス帝による立法にどのようにつながっていったのかを分析する。すなわち、ローマ建国からカルタゴの征服までを共和政前期、カルタゴの征服から帝国の分解までを共和政後期、帝国の分解からユスティニアヌス帝の登場までを古典期として、検討を進める[31]。

(2)　法の観点

　法の観点からさらに敷衍すると、共和政前期は、古代ローマ法の時代であって、最も重要なものとして十二表法がある。共和政後期においては、市民法と万民法の区別がきわめて重要である[32]。古典期は、法学者の影響力がとても強かった時代といえる[33]。その集大成が、ユスティニアヌス帝による法典編纂につながっていくのである。

　このように、ローマ法を時代区分にそくして検討していくけれども、それぞれの区分はかならずしも自明ではない。むしろ、ローマもローマ法も、流

---

31)　ローマの時代区分については、原田慶吉『ローマ法（改訂）』（有斐閣・1955）1頁以下、および、船田享二『ローマ法入門（新版）』（有斐閣・1967）8頁以下などを参照。
32)　もっとも、市民法はローマ市民に対してのみ適用され、万民法はローマ市民以外をも対象とするという点に、それぞれの違いはあったが、いずれもローマ法であったことに留意すべきである。
33)　この点につき、ウルリッヒ・マンテ著・田中実＝瀧澤栄治訳『ローマ法の歴史』（ミネルヴァ書房・2008）91頁以下を参照。

動的な変遷過程を経ている。とはいえ、それぞれの時代に特徴が見出される
こともまた事実であり、一定の分析軸に基づいた検討を時代ごとに行うこと
には、意義がある。とくに、物権あるいは物権法の性質に着目した上でのロー
マ法の分析は、本書の問題意識にとって避けて通ることはできない[34]。

2 共和政前期

(1) 所有権

共和政前期における物権法に関連するテーマとして、なにをとりあげるか。
それは、res mancipi（握手行為の物）と res nec mancipi（握手行為によらない
物）にほかならない。これらの区別がどのようになされていたかを検討する
ことが、重要な課題となる。もっとも、両概念が、目的物の譲渡の場面にお
いて、それぞれどのような方式でなされていたか、という観点から区別する
ことはできるが、その目的物についてのそれぞれの権利がどのような法的性
質をもつのか、については明らかではない[35]。

共和政前期における所有権は、不明確な概念であった。それは、家長がも
つ財産に対する権力ともいうべきものであった。前述したように、物につい
ての権利は、res mancipi と res nec mancipi に区別されていた。res mancipi
は、mancipatio（握手行為）という方式行為によって、これを移転することが
可能とされていた。これに対して、res nec mancipi は、財産全体に対して及
び、原因行為と traditio（引渡し）によってこれを移転することが認められた。
共和政前期における所有権と現代法におけるそれとを比較すると、前者はよ
り不明瞭であり、現代法における制限物権も所有権として理解されていた[36]。

---

34) 具体的にいうと、どのような内容をもつ物権が認められていたのか、物権変動が生じ
　　るためにはどのような要件が求められていたのか、などが問題の対象となる。すなわち、
　　論点は、物権法定主義・物権行為の独自性・物権変動の要件などであって、この問題意
　　識は現代法にも受け継がれている。
35) ただし、目的物についての権利は、所有権として把握されることがほとんどであった。
　　すなわち、所有権が唯一の物権であって、それがあらゆる制限物権を含んでいる、とい
　　う理解である。この点につき、*Kern*, a.a.O. 27, S. 36 を参照。

したがって、物権法定主義をここに見出すことはできない[37]。

　ここで所有権に限定して着目してみよう。所有権の保護は、legis actio sacramento in rem（物に対する法律訴訟）において、rei vindicatio（物の返還請求）を通じて行われた。そこで、原告と被告は目的物が自分の物であることをお互いに主張しあい、裁判官は、どちらがより強い権利をもっているかだけを判断した。このため、所有権は相対的な性質を有するものであった[38]。

(2)　権利の移転方法

　つぎに、権利の移転方法について検討したい。mancipatio は、目的物が権利取得の財産に完全に永続的に加わることとのバランスとして、つまり、売買代金との交換対象として、位置づけられた。権利を移転するためには、mancipatio に加えて、証人と秤をもつ者とが存在しなければならなかった。この点は、売買代金とのバランスをとる行為が象徴的なものとなり、mancipatio が抽象的な移転行為になってからも、変わらなかった[39]。

---

36) この点については、*Max Kaser*, Das Römische Privatrecht, Erster Abschnitt, Das altrömische, das vorklassische und klassische Recht, 2. Auflage, München 1971, S. 119 ff. を参照。当時、農地の地役権は4つに分けられていた。iter（通行権）、actus（家畜通行権）、via（車両通行権）、および、aquae ductus（引水権）である。これらが res mancipi である場合には、その所有権譲渡は mancipatio（握手行為）によって認められた。この点につき、*Rudolf Elvers*, Die römische Servitutenlehre, Marburg 1854, S. 2 ff. を参照。

37) このように、制限物権が現代法におけるのと同じようにそれぞれの種類に区別されたのは、たしかにさらに時代が下ってからのことである。しかし、今日でいうところの利用権と担保権の違いは早くからすでに認識されていたと考えられる。とはいえ、内容が制限された使用権も所有権と理解されていた点は、現代法と大きく異なる。この点につき、*Kern*, a.a.O. 27, S. 38 f. を参照。

38) この点については、*Theo Mayer-Maly*, Das Eigentumsverständnis der Gegenwart und die Rechtsgeschichte, in: Gottfried Baumgärtel/Hans-Jürgen Becker/Ernst Klingmüller/Andreas Wacke（Hrsg.）, Festschrift für Heinz Hübner zum 70. Geburtstag, Berlin/New York 1984, 145 ff. を参照。もっとも、より強い所有権を有する者からすれば、より弱い所有権を有する者や、そもそも所有権を有しない者との関係においては、そのより強い所有権または所有権を主張できるのであるから、結局のところ、所有権には絶対性があるともいえる。あくまで、ここでいうところの所有権の相対性は、訴訟上の相対性にすぎない。したがって、実際には、所有権に絶対性が認められていることと、異なるところはない。もっとも、だれが権利者なのか、その権利者がもっている権利はどのような内容を有するのか、といった点が不明確になることは事実である。ここに、現代法における所有権の性質との違いがよくみられる。

　これに対して、方式自由の引渡しである traditio は、共和政前期において、処分行為として認められていなかった。それは、擬制的な引渡しにすぎなかった。mancipatio も in iure cessio（法廷譲渡）もなされなかった場合、処分行為としての効果が認められるかどうかは、causa（原因）の有無によるものとされた[40]。

(3)　不明確な物権

　このように、当時の所有権の法的性質は、現代法における所有権概念と比較して不明確であった。これにより、所有権と制限物権の境界も曖昧であったといえる[41]。また、権利の移転方法も、mancipatio による方法と traditio による方法とがあり、とくに後者の効力は確定的なものとはいえなかった。

3　共和政後期

(1)　所有権

　共和政後期における物権法の特徴は、所有権概念が厳格化されたことにある、ということができる。これにともない、所有権と制限物権の区別も厳密になされた[42]。

　まず、所有権は、物についての完全権であって絶対性をもつ権利として構成された。所有者だけが、第三者との関係で自らの所有権の保護を受けられたのである。この点において、事実上の支配にすぎない占有と区別された[43]。

---

39)　この点については、船田・前掲注 31・111 頁などを参照。

40)　mancipatio と traditio（引渡し）の違いについては、*Max Kaser/Rolf Knütel*, Römisches Privatrecht. Ein Studienbuch, 18. Auflage, München 2005, S. 121 などを参照。

41)　制限物権が、所有権という円満な物権をまさに制限するという意味での権利として理
解されていたのかといえば、たしかに、そのような思考も当時すでに存在していたのか
もしれない。しかし、すくなくとも、所有権と制限物権に関する、今日における明確な
区別とはかならずしも一致しない。

42)　もっとも、共和政後期は、法概念の類型化一般については、それほど厳密になされな
かった。その限りにおいて、所有権と制限物権の区別と、さまざまな制限物権ごとの区
別は、この時代の特徴といえる。この点につき、*Fritz Schulz*, Prinzipien des römischen
Rechts, München/Leipzig, 1934, S. 47 を参照。

ここで保護を受けられる所有者は、前所有者から所有権を承継取得したか、あるいは、原始取得した所有者に限定された[44]。とはいえ、この時代の所有権にはさまざまな制限も課されていたので、現代法における原則としての所有権概念（BGB 903 条 1 文[45]）とはかならずしも一致しない[46]。また、不動産と動産の区別も、現代法におけるそれとは異なっていた[47]。

(2) 所有権の移転方法

　所有権の移転はどのように行われていたのか。res mancipi が mancipatio や in iure cessio によって移転されたのではなく、無方式の traditio によって移転された場合にも、法務官法に基づいて所有権の成立が認められた。ここでの所有権の取得者は、目的物を時効取得する前であっても、第三者[48]からの返還請求権に対して、exceptio doli（悪意の抗弁）や exceptio rei venditae et traditae（売却され引き渡された物の抗弁）による保護を受けることができた。さらに、このような所有者は、目的物を失ったとしても、rei vindicatio を用

---

43) 期間を限定された所有権という概念は、ここでの所有権の本質に反するために、認められなかった。この点につき、*Heinrich Dernburg*, Lehrbuch des preußischen Privatrechts, Erster Band：die Allgemeinen Lehren und das Sachenrecht des Privatrechts Preußens und des Reichs, 5. Auflage, Halle a. S. 1894, S. 543 を参照。

44) もっとも、非所有者であっても、actio Publiciana（プーブリキウス訴権）によって相対的ではあるが保護を受けることができた。この点については、*Ernst Rabel*, Grundzüge des römischen Privatrechts, 2. Auflage, Basel 1955, S. 57 を参照。

45) BGB § 903：Der Eigentümer einer Sache kann, soweit nicht das Gesetz oder Rechte Dritter entgegenstehen, mit der Sache nach Belieben verfahren und andere von jeder Einwirkung ausschließen. Der Eigentümer eines Tieres hat bei der Ausübung seiner Befugnisse die besonderen Vorschriften zum Schutz der Tiere zu beachten.
　ドイツ民法典第 903 条：物の所有者は、法律または第三者の権利によって制限を受けない限り、その物を自由に用い、かつ、他人による一切の干渉を排除することができる。動物の所有者は、自己の権能の行使に際して、動物の保護を目的とする特別の規定を遵守しなければならない。

46) たとえば、*Max Kaser*, Rechtsgeschäftliche Verfügungsbeschränkungen im römischen Recht, in: Fritz Baur/Karl Larenz/Franz Wieacker (Hrsg.), Beiträge zur europäischen Rechtsgeschichte und zum geltenden Zivilrecht. Festgabe für Johannes Sontis, München 1977, S. 11 ff. を参照。

47) たとえば、*Kaser*, a.a.O. 36, S. 382 を参照。

48) ここでの第三者とは、ローマ人にのみ認められたローマ人である所有者を指す。

いることはできなかったが、actio Publiciana（プーブリキウス訴権）を通じてその物の返還を求めることができた。これらの特徴をみてみると、この時代の所有権は完全権としての性質をすでに有していたと考えられる[49]。所有権の完全性が認められることによって、所有権と異なる性質をもつ物権、すなわち、制限物権について論じることが可能になる。

　これまで行われてきた、mancipatio や in iure cessio による処分は、次第にその意義を失っていった。これらに代わって、traditio が重視されるようになった。traditio は、たんなる擬制的な引渡しではなく、占有と有効な原因行為を要素とする処分行為として理解された[50]。

　mancipatio や in iure cessio による譲渡とは異なり、traditio による譲渡がなされる場合には、占有の移転を伴わない制限物権の変動は、その対象とはならない。したがって、traditio の概念から、現代法における制限物権の類型化の基礎を見出すことは困難である。そして、traditio によってなされる処分行為は、そのための正当な原因を根拠とする必要があったため、物権行為をどのように理解するかという問題は、結局のところ、causa をどのように理解するか、という点に帰着する[51]。

(3)　制限物権の萌芽

　結局のところ、共和政後期の物権制度はどのように理解され、そして、評価されるべきか。まず、共和政前期の所有権概念と比較すると、共和政後期の所有権は完全権により近い概念として理解されていた。そして、所有権の絶対性も認められていたといえる。これをうけて、所有権の権能を一部制限

49) この点については、*Kaser*, a.a.O. 36, S. 439; *Rabel*, a.a.O. 44, S. 77 f. などを参照。なお、actio Publiciana は、紀元前1世紀頃にはすでに認められていたと思われる。

50) この点については、*Eduard Böcking*, Institutionen des römischen Civilrechts, 2. Auflage, Bonn 1862, S. 90 f. を参照。とくに、売買契約においては、代金が支払われるか、代金につき拘束力のある約束がなされる場合にのみ、所有権移転の効果が発生したと考えられる。

51) この点につき、*Kern*, a.a.O. 27, S. 53 を参照。なお、担保権については、*Johann Jakob Bachofen*, Römisches Pfandrecht, Basel 1847, S. 9 f. を参照。これによれば、担保権は一般的な契約に基づいて設定することができ、現実の占有移転もかならずしも必要とはされなかった。

するという意味での制限物権の特徴が際立つことになり、ここに、所有権と制限物権の区別が認められるようになる[52]。

　もっとも、共和政後期においては、物権の種類を限定して、定められた物権以外の物権的な権利に対して一定の制限を加えるといった考え方は、採用されていなかったと思われる。物権法定主義が認められていたと思われる根拠は、見当たらない。体系的な観点から物権を制限するというのではなく、それぞれの具体的な事案に応じて、各権利をどのように理解し、そしてどの程度制限するかが、検討されていたものと考えられる[53]。

　とはいえ、この時代の物権法制度全体を俯瞰してみてみると、従前とは異なり、各種物権の性質決定がかなりの程度で進められたこともわかる。これは、取引の安全性と簡便性が考慮されたからである。物権概念の精密化がさらに進められた根拠は所有権概念の明確化にあった、ということができる[54]。

4　古典期

(1)　所有権

　共和政時代とは異なり、古典期に入ると、それまで厳密に区別されてきた諸概念が共通化されるようになった。このことは、とくに物権法の分野で顕著であった。たとえば所有権概念は、共和政時代にはその概念が明確に確定されていたところ、古典期においては占有概念や他物権への接近がみられる[55]。

---

52)　所有権と制限物権の違いが明確になると、いわゆる物権法定主義がローマ法においてどの程度認識されていたのかが、問題となってくる。なぜならば、物権の絶対性の観点から、第三者への影響を考慮すると、物権の種類を限定する必要性が出てくるからである。この点につき、*Kern*, a.a.O. 27, S. 53 f. を参照。
53)　この点につき、*Hans Wieling*, Numerus clausus der Sachenrechte?, in: Jörn Eckert (Hrsg.), Der praktische Nutzen der Rechtsgeschichte, Festschrift für Hans Hattenhauer, Heidelberg 2003, S. 560 を参照。
54)　これについては、*Kaser*, a.a.O. 46, S. 11 f. を参照。
55)　古典期における法制度の一般的な特徴については、*Wolfgang Kunkel/Martin Schermaier*, Römische Rechtsgeschichte, 14. Auflage, Köln/Weimar/Wien 2005, S. 193 ff. を参照。

　古典期の所有権概念も、所有権が個人に帰属することが前提とされた上で構成された。しかし、ここでは、抽象化された法概念が重視されるだけではなく、実生活における感覚と法概念との関係にも注目されるようになった。すなわち、権利と外観の一致が求められたのである。これにより、所有権と占有の区別が否定され、利用権と所有権の接近がみられるようになった[56]。

　抽象化された所有権ではなく、それぞれの利用権が強調されるようになると、物権と債権の区別や、処分行為と原因行為の区別は必要とされなくなっていく。古典期においては、actio in rem（対物訴訟）は物を目的とした訴えであり、債権者もこれを行使することができた。また、actio in personam（対人訴訟）は利益を求めるための訴訟であった[57]。

　もっとも、権利と事実上の支配の区別や、完全な利用権と制限された利用権の区別は維持されていた。possessio（占有）という表現とともに、占有の保護と所有権の保護は、区別されていたのである。そして、個人に所有権の帰属を認めるということについては、従前の考え方が維持されたといえる。所有権それ自体の概念は、古典期においてもそれまでと変わらず認識されていた。ただし、物権と債権の区別や物権行為と債権行為の分離は、明確になされてはいなかった[58]。

(2)　所有権の移転方法

　それでは、古典期における所有権の移転はどのようになされていたのか。実生活の感覚に法理論を近づけていくという傾向があったため、in iure cessio や mancipatio といった形式的な移転行為は失われていった。唯一残

56）実生活における個人の利用権限が重視されることに伴い、利用権が帰属している者にその目的物の所有権も帰属する、という理解である。このため、所有権が、その機能に応じて分解されることになる。この点については、*Ernst Levy*, West-östliches Vulgarrecht und Justinian, SavZ（RA）76（1959），23; *Max Kaser*, Über ›relatives‹ Eigentum im altrömischen Recht, SavZ（RA）102（1985）36 f. などを参照。

57）この点につき、*Max Kaser*, Das Römische Privatrecht, Zweiter Abschnitt, Die nachklassischen Entwicklungen, 2. Auflage, München 1975, S. 240 を参照。

58）これについては、*Kaser*, a.a.O. 57, S. 247 ff. を参照。また、ローマ法における占有概念の詳細については、木庭顕『新版・ローマ法案内―現代の法律家のために―』（勁草書房・2017）125 頁以下を参照。

された形式的な移転行為は、traditio であった。しかし、traditio も、分離主義から一体主義への志向のもとで、所有権移転のための要件として扱われなくなった。ここでは、売買契約などの原因行為によって直接、所有権の移転が認められたのである[59]。

　もっとも、原因行為と処分行為を区別するという思考様式がいくらかは残っていたことと、取引における認識のしやすさの観点も留意されていた。このため、土地所有権の売買に際しては、譲受人による納税義務の認識と、譲渡人に所有権が帰属していることについての証人の存在が、それぞれ求められた。個人に権利が帰属するという前提は引き続き維持されていたので、債権債務関係を通じて所有権移転の効果を発生させる理論構成が採用されたのである[60]。

(3)　利用権限中心の権利構成

　このように、古典期においては、法概念や法体系の観点よりも、個人の目的物に対する利用権限を中心に権利が組み立てられた。このため、厳格な所有権概念は認められず、この結果、制限物権と所有権の区別も曖昧になる。このことは、所有権の移転方式にも影響を与えた。したがって、物権法定主義の観点からしても、古典期の法制度は共和政時代のそれと比較して、その特徴を失ったとみることができる[61]。

　ローマ法の基礎は、共和政時代に確立されたといってよい。古典期においては、その基礎に基づいて、さらなる精密化が図られた点も存在した[62]。しかし、共和政以降の元首政、専主政および帝政において、すでに築かれていたローマ法の基礎が、その根幹から揺らいでしまう事態が生じていたのであ

59）たとえば、売買契約による所有権移転がなされる場合には、代金支払が要件とされた。この点につき、*Kaser*, a.a.O. 57, S. 274 ff. を参照。

60）この点については、*Kaser*, a.a.O. 57, S. 277 ff. を参照。

61）物権法定主義の観点から古典期の法制度を分析するものとして、*Kern*, a.a.O. 27, S. 61 f. を参照。

62）共和政時代と古典期それぞれにおけるローマ法の発展に関する評価として、マンテ著・田中＝瀧澤訳・前掲注 33・3 頁を参照。

る。

5　ユスティニアヌス帝による法典編纂

(1)　所有権

　ユスティニアヌス帝による法典編纂事業の目的は、共和政時代に確立され
ていたローマ法を再び復活させることにあった。そしてまた、これとともに、
共和政以後に培われた、法と実生活の接近をも考慮した法典化事業が目指さ
れた[63]。このため、ユスティニアヌス帝によって編纂された法典の内容を、
旧来のローマ法をたんにとりまとめただけのものと理解するのは、誤りであ
ろう。

　このような理解に基づいて検討すると、ユスティニアヌス帝による法典編
纂において、所有権に関する諸問題がどのように扱われたのかが、明確にな
る。まず、所有権概念そのものは、他の物権と厳格に区別された。この点に
おいて、従前の厳格な所有権概念が復活したということができる。所有権と
占有も区別され、外観と権利が一致しないことも認められた。

(2)　所有権の移転方法

　しかし、所有権移転の方式については、旧来の方式を廃止することとした。
このため、mancipatio の代わりに traditio によって所有権の移転を認めるこ
とができるように、法文をあらためて解釈するようになった[64]。

　このように、traditio が所有権移転のための重要な要件とされたが、tradi-
tio が常に具体的になされるわけではないことも、十分に認識されていた。す
なわち、traditio の抽象化も認められたのである。たとえば、売買がなされた

---

63)　ユスティニアヌス帝の法典編纂事業は、たったの3年間で成し遂げられている。この
　　点については、*Wolfgang Kaiser*, Digestenentstehung und Digestenüberlieferung. Zu
　　neueren Forschungen über die Bluhme'schen Massen und der Neuausgabe des Codex
　　Florentinus, SavZ（RA）108（1991）330 ff. を参照。
64)　この点については、*Eduard Böcking*, Institutionen des römischen Civilrechts, 2.
　　Auflage, Bonn 1862, S. 77 ff. を参照。

場合、目的物の所有権移転のためには代金支払が原則として必要とされたが、例外として、代金が支払われる前に所有権が移転することもできるものとされた。担保権が設定されるにあたっても、方式自由の担保権設定契約によって、要件は満たされるものとされた[65]。このように、実際の引渡しを回避することが多くのケースで認められていたのである[66]。

(3) 所有権の厳格化

　ユスティニアヌス帝による法典編纂を通じて、所有権概念は再び厳格化されることになった。これにより、所有権とそれ以外の物権との区別も、明確になる。すなわち、物権法定主義の採用、あるいは、物権の種類の限定と物権の内容の厳格化が、よりいっそう可能になった。

---

65) もっとも、贈与がなされた場合には、traditio が目的物の所有権移転のための唯一の要件であったと考えられる。この点については、*Kern*, a.a.O. 27, S. 65 を参照。
66) たとえば、*Kaser*, a.a.O. 57, S. 282 ff. を参照。したがって、mancipatio や in iure cessio（法廷譲渡）において処分行為に求められていた典型的な法律効果は、ここではもはや必要とされなくなった。すなわち、処分行為が現実にそくして解釈されていた、ということができる。

三　ゲルマン法

1　法制史上の位置づけ

(1)　総　論

　ドイツ法の検討に移る。ここでも、ローマ法の分析と同じく、時代区分を
どのように位置づけるかが重要となる。具体的には、ゲルマン法、ローマ法
の継受、自然法、および、BGB の成立に焦点を当てつつ、考察する。

　そして、それぞれの時代区分に応じて、各権利が有する効力を中心に検討
する。とくに、物権的権利と債権的権利の違い、および、絶対効と相対効の
違いを明らかにしたい。

(2)　各　論

　中世はゲルマン法の特徴がよく表れていた時代であり、当時の法制度は
ローマ法とは異なる内容を有していた。その後、ローマ法が継受され、ゲル
マン法との融合がなされる。ここでの物権法の特徴と、これにともなう物権
と債権の関係はいかなるものであったのだろうか。これは、いわゆる usus
modernus pandectarum（パンデクテンの現代的慣用）につながっていく。そし
て、自然法の影響をも受けつつ、ドイツ法は各ラントにおける法典編纂期を
迎え、さらには、BGB の成立へと発展を遂げていくのである[67]。

　また、物権は絶対効を有し、債権は相対効しか有しない、というのが一般
的な理解であるが、それぞれはかならずしも例外を許さない対応関係ではな
い。もっとも、絶対効を有する権利が対世的により強い影響力をもつことは
たしかである。そこで、物権の数や種類を限定する必要に迫られる。つまり、
いわゆる物権法定主義の採用の可否が問題となるのである。

2　Gewere

⑴　法的性質

　ドイツ法との関連で、中世における物権概念を考察するにあたって、けっして避けることのできない概念が、Gewere（ゲヴェーレ）である。Gewere があることを認められるには、目的物を実際に利用することを通じて対外的にその存在が明らかとなっていることが前提とされた。そして、Gewere をもつ者には、物権的な保護が認められた[68]。したがって、物権的な保護を受けるためには、Gewere を有していることが決定的なのであって、所有権に基づいて物権的な保護を求めるわけではなかったのである[69]。

　さらに、物権の存在は Gewere と結びつけられたため、物権を移転するためには Gewere の移転が必要とされた。Gewere は目的物の事実上の支配を

67）なお、中世以前のゲルマン法についての史料は少ない。したがって、ゲルマン法のとりわけ初期の段階において、物権概念、あるいは、物に対する権利概念がどのように理解されていたのかについては、推測の域を出ないというのが実情である。もっとも、個人または家族が恒常的に居住している家屋や、耕作地としての土地などについては、その個人や家族が独占的に利用することが認められていたと考えられる。この利用権限が、所有権などのような物権として理解されていたかどうかはともかく、人による物の支配がなされていたことは確実であった、といえよう。しかし、ローマ法とは異なり、これら利用権限を体系的に整序し、抽象的な上位概念へと包摂することはなかった。ただし、不動産と動産の区別はなされていたようである。ゲルマン法に関する一般的な概説として、ハインリッヒ・ミッタイス＝ハインツ・リーベリッヒ著・世良晃志郎訳『ドイツ法制史概説（改訂版）』（創文社・1971）19 頁以下がある。また、*Karl Kroeschell*, Deutsche Rechtsgeschichte, 11. Auflage, Opladen/Wiesbaden 1999, S. 25 ff. も参照。さらに、ゲルマン法における不動産と動産の区別については、*Ulrich Eisenhardt*, Deutsche Rechtsgeschichte, 3. Auflage, München 1999, S. 69 ff. の記述が興味深い。

68）Gewere（ゲヴェーレ）の先駆的な基礎研究として、*Wilhelm Eduard Albrecht*, Die Gewere als Grundlage des älterern deutschen Sachenrechts, Königsberg 1828 がある。さらに、*Eugen Huber*, Die Bedeutung der Gewere im deutschen Sachenrecht, in: Festschrift im Namen und Auftrag der Universität Bern, Bern 1894, S. 22 ff.; *Karl Kroeschell*, Zielsetzung und Arbeitsweise der Wissenschaft vom gemeinen deutschen Privatrecht, in: Helmut Coing/Walter Wilhelm（Hrsg.）Wissenschaft und Kodifikation des Privatrechts im 19. Jahrhundert, Band Ⅰ, Frankfurt am Main 1974, S. 249 ff. も参照。

69）もっとも、重要なのは法的根拠に基づいて目的物を支配しているという意思であった。このため、担保権者さえも、Gewere を有する者として認められた。この点につき、*Rudolf Hübner*, Grundzüge des deutschen Privatrechts, 5. Auflage, Leipzig 1930, S. 201 ff. を参照。

ともなう概念であるから、物権の移転と占有の移転が結合することになる。このため、中世においては、物権の公示を求める要請と、それへの応答としての公示制度の整備がみられるようになっていく[70]。

　このように、物権との関係で決定的な役割を果たしていた Gewere は、あたかも所有権を含めた物権そのものを体現する概念となった。しかし、所有権とそれ以外の物権との区別は、むしろ困難となった。というのは、たとえば土地についての Gewere として、土地を実際に利用する権限だけではなく、土地を他人に利用させて地代や利息を受け取る権限なども認められたからである。すなわち、Gewere とは、現代法における所有権と他物権を包摂する概念だったのである[71]。

　したがって、1つの土地に対して、直接占有をともなう Gewere と間接占有の権原としての Gewere が重層的に成立することも認められた。前者は有体物を対象とした物権といえるが、後者は地代や利息を収受する権限であり、その性質はむしろ債権に近づく。これにより、権利に対する権利も認められることになったため、債権を権利の客体とする思考方法が、ここに見出されることになる[72]。

(2)　物権法定主義との関係

　物権の種類を明確に区別し、その数を限定する、という観点からすると、上述した Gewere の概念は、物権法定主義と明らかに反する。Gewere の特徴は、その包括的な概念そのものにあるからである。もっとも、Gewere は、その目的物について、土地と動産を区別していた。土地の Gewere としては、観念化された Gewere、つまり土地を実際に占有しない Gewere も許容されたが、動産の Gewere としては、目的物である動産を実際に占有することが求められた[73]。

---

70) これについては、*Otto Gierke*, Deutsches Privatrecht, Zweiter Band, Sachenrecht, Leipzig 1905, S. 187 ff. を参照。
71) この点につき、*Gierke*, a.a.O. 70, S. 14 ff. を参照。
72) これについては、*Hübner*, a.a.O. 69, S. 204 ff.; *Andreas Heusler*, Die Gewere, Weimar 1872, S. 275 ff. を参照。

3　所有権

⑴　法的性質

　中世における所有権概念は、厳密なものではなかった。この時代の所有権概念は、ローマ法の共和政前期や古典期における所有権概念と同じく、所有権を独立して統一的に把握するという思考様式をとらなかった。とくに、土地所有権については、土地の利用方法や利用期間、さらには複数人がその土地を利用するのかどうか、といった点が考慮されつつ、それぞれの内容に応じてその土地の権利関係が定められていったので、所有権と制限物権の分化や制限物権の種類の明確化がみられなかった。結局のところ、土地の一部の利用権限をどのように理解するかが主たる課題とされたため、さまざまな権利関係が重層的に存在することになり、統一的な所有権概念を定めることは求められなかったのである[74]。

⑵　法的意義

　もっとも、中世においても、所有権の概念は存在していた。しかし、その内容は、共和政後期のローマ法におけるそれとは異なり、利用の制限がある権利であっても、所有権として理解されていたことに留意すべきである。そこで問題となるのは、目的物を全体としてみた場合に、その目的物の利用権限の優劣関係をどのように秩序づけるか、ということである。この問題につき、一方では、利用権限の優劣そのものに着目し、他方では、Gewere がだれに帰属しているかに着目して、所有権概念を把握する方法が考えられた。ただし、この時代においても、全面的な所有権と制限物権との違いは認識され

---

73) この点につき、*Gierke*, a.a.O. 70, S. 5 ff. を参照。また、*Andreas Heusler*, Institutionen des deutschen Privatrechts, Zweiter Band, Leipzig 1886, S. 3 ff. も参照。

74) 中世の所有権概念について、くわしくは、*Gierke*, a.a.O. 70, S. 41 ff.; *Hübner*, a.a.O. 69, S. 180 ff. を参照。さらに、*Carl Friedrich Wilhelm von Gerber*, System des deutschen Privatrechts, 5. Auflage, Jena 1855, S. 175; *Karl Kroeschell*, Zur Lehre vom »germanischen« Eigentumsbegriff, in: Rechtshistorische Studien. Hans Thieme zum 70. Geburtstag, Köln/Wien 1977, S. 34 ff. を参照。

ていた。しかし、具体的な事例に応じて、所有権の機能が縮小されている場合には、その所有権と制限物権の相違はきわめて相対的なものにすぎなくなる。結局のところ、具体的なケースに応じて、目的物の実際の支配状況がどのようなものであるかについて把握した上で、その権限の内容を判断するほかなかった。つまり、権利の性質論を演繹的に展開することは困難だったのである[75]。

4　所有権の移転方法

(1)　Gewere

　所有権の移転方法に着目してみると、ここでもローマ法との違いが明らかになる。Gewere が、物権の帰属だけではなく物権の処分にあたっても重要な役割を担った。すなわち、物権を創設したり移転したりするためには、Gewere を与えることが必要とされた。つまり、Gewere に設権的効力が認められていたのである[76]。

(2)　sala と investitura

　さらに、土地所有権を移転するためには、ただ占有を移転するだけでは不十分とされた[77]。対象となっている土地の地域住民が呼び出され、その住民たちの前で公的な儀式がなされる必要があった。処分行為だけではなく、譲渡人が Gewere を放棄し、その Gewere を譲受人が取得する、といった儀式が求められたのである[78]。この処分行為である sala（サラ）は、物権契約に該当するとみることもできる。また、象徴的かつ儀式的な行為は、investitura

---

75) この点については、*Georg Beseler*, Die Lehre von den Erbverträgen, Erster Theil. Die Vergabungen von Todes wegen nach dem älteren deutschen Rechte, Göttingen 1835, S. 77 f.; *Hübner*, a.a.O. 69, S. 243 ff.; Kroeschell, a.a.O. 74, S. 51 ff. などを参照。

76) たとえば、*Huber*, a.a.O. 68, S. 19 ff. を参照。

77) つまり、brevi manu traditio（簡易の引渡し）では足りないとされた。

78) 具体的には、周辺住民の面前で、譲渡人から譲受人に対して、目的物である土地の土が受け渡されたりした。

（インヴェスティトゥーラ）といわれた。そして、譲渡人の Gewere の放棄、つまり、ここでの土地所有権の放棄が、現代におけるドイツ法上の Auflassung（アウフラッスンク）につながっていくのである[79]。

さらに、取引数の増大に伴って権利関係も複雑化してくると、investitura を周辺住民の前で行うという儀式的な方式は、実務にそぐわないものとなっていく。というのは、目的物の譲受人がその地域に所属していたり、取引終了後もその地域にとどまるとは限らないからである。そこで、裁判所において investitura がなされることで、要件は満たされるものとされるようになった。裁判所には、取引内容が記録され、その証書には証拠として高い信頼がおかれた。この裁判所における investitura が登記制度への道筋を開き、さらには、Gewere の設権的効力を登記が引き継いでいくことになるのである[80]。

5　Gewere と物権概念の限定との関係

⑴　Gewere の重要性

中世のドイツ法は、まず、Gewere を中心として物権概念が把握され、整理されていた。すなわち、Gewere と物権概念が密接に結びついていたのである。したがって、Gewere をどのように理解するかによって、当時の物権の法的性質が明らかとなり、同時に、それ以外の権利との区別が可能となる。

---

79) この点につき、*Gierke*, a.a.O. 70, S. 266 ff. を参照。また、*Hans Brandt*, Eigentumserwerb und Austauschgeschäft. Der abstrakte dingliche Vertrag und das System des deutschen Umsatzrechts im Licht der Rechtswirklichkeit, Leipzig 1940, S. 22 ff. も参照。もともと、土地取引の公示が、取引の安全を目的としてなされていたのか、それとも、土地についての権利に付随した権力関係を公に知らしめるためになされていたのかは、定かではない。しかし、時代が進むにつれて、後者の色彩が薄れ、前者の重要性が高まっていったことは事実である。この分析については、*Justus Friedrich Runde*, Grundsätze des allgemeinen deutschen Privatrechts, Göttingen 1794, S. 174 ff. を参照。

80) たとえば、*Alexander Achilles*, Die preußischen Gesetze über Grundeigenthum und Hypothekenrecht vom 5. Mai 1872, 2. Auflage, Berlin 1873, S. 11; *Karl Kroeschell/ Albrecht Cordes/Karin Nehlsen-von Stryk*, Deutsche Rechtsgeschichte, Band 2: 1250-1650, 9. Auflage, Köln/Weimar/Wien 2008, S. 60 ff. を参照。なお、動産所有権を譲渡するためには、譲渡意思とともに引渡しが必要とされた。この引渡しが Gewere の移転と解されたのであった。動産所有権の譲渡に関しては、*Huber*, a.a.O. 68, S. 20 を参照。

　Gewere を実際に物を支配することと理解するならば、物権の種類は必然的に限定される。当初、Gewere は物の直接支配を前提としていた。つまり、目的物の全面的な支配が当然の内容とされていたのである。しかし、次第に、間接的な Gewere が認められるようになっていく。その内容は、期間を限定して土地を利用したり、担保価値を把握したりするものとして、理解された。すると、ここに、物権の種類として、所有権だけではなく他物権を認めることができるようになってくる。こうして、土地の利用に関連する、観念的で間接的な Gewere が認められるようになった。このような間接的な Gewere は、目的物である土地を直接利用する者から地代を得る権利などを表象した。むしろ、土地についての他物権を根拠づけるために、間接的な Gewere が認められるようになった、ともいえるだろう[81]。

(2)　Gewere の不完全性

　このように、Gewere は物権の移転に際して重要な要素ではあった。しかし、Gewere の取得がそのまま取得者の法的地位を保障するものではなかった。たとえば、土地の一部が目的物であった場合、その土地全体が Gewere の対象であり、物権の対象でもあった。つまり、Gewere が二重に生じることになる。同様に、Gewere と処分行為の関係も問題となる。もともと、処分行為は、目的物それ自体やその物を対象とした物権と不可分に結びついていた。このことは、たとえば土地の売買において、譲渡人と譲受人の間の所有権移転行為としても、また、譲渡人による放棄としても、それぞれが一定の方式に基づいているという点で、目的物との関係が密接であった。しかし、処分行為の方式が象徴的なものにすぎなくなっていき、方式が行われる場所も目的物である土地に限定されなくなっていくと、処分行為と物権の関係が次第に希薄になっていく。さらに、譲渡人と譲受人の間で処分行為に関して条件

81）　もっとも、当時は、目的物が動産の場合には他物権を観念することができなかった。期間を限定した動産利用はほとんどなかった。このため、動産を目的物とする制限的な権利を物権化することは、求められなかったのである。この点については、*Kern*, a.a.O. 27, S. 79 ff. を参照。

や期限が付されるようになると、目的物の現実の支配状態や方式に適った行為は、物権と分離するようになる。こうして、処分行為の方式がたんなる象徴的な内容をもつにすぎなくなると、その効果もまた典型的な内容に限定されることになるのである[82]。

　以上のことから、Gewere が物権の種類を制限する方向に寄与したかといえば、かならずしもそうとはいえない。Gewere の目的は、物権の帰属状態の公示力を高めることにのみあるのであって、Gewere の存在ゆえに物権の帰属状態が一様に明らかになるとはいえないのである。むしろ、実体としての物権の帰属を決定づけるのは処分行為そのものであって、その処分行為の要式性が緩和されると、Gewere と物権の帰属状態は一致しないようになっていく。この現象に伴って、所有権から分離した利用権は、Gewere からも離れて、物権として扱われるようになる。もともとは債権的な権限にすぎないと理解されていた土地利用権は、このようにして次第に物権として理解されるようになっていったのである[83]。

82）たしかに、地域住民である証人の面前や裁判所などにおいて、しかも目的物である土地またはその近隣で処分行為がなされれば、物権の帰属状態の公示力は高まる。そうであれば、あたかもローマ法上の mancipatio のように、物権の設定や移転の公示と処分行為の結合とがみられるのである。しかし、すでに中世のドイツ法においては、物権の多くの種類が認識されるようになっていたため、上述のような処分行為の厳格な方式は、実態にそぐわなくなっていたのである。この点については、*Leopold August Warnkönig*, Das neue System der Einschreibung und Umschreibung des Grundeigenthums und der dinglichen Rechte, insbesondere des Pfandrechts, in Frankreich und Belgien, Zeitschrift für deutsches Recht und deutsche Rechtswissenschaft 19, 218 ff., 1859 を参照。

83）したがって、中世のドイツ法においては、物権の種類がどの程度存在していたか、不明確である。結局のところ、いかなる権利が物権であったかは、その目的物との関係性やその時々の慣習に基づいて判断するほかはない。これについては、*Hübner*, a.a.O. 69, S. 178 などを参照。

四　ローマ法の継受

1　中世ドイツ法との相違

(1)　総　論

　15世紀頃になると、ローマ法に再び注目が集まり、あらためて解釈されるようになるとともに、ローマ法がさまざまな法分野と法学分野に受け入れられるようになった。いわゆるローマ法の継受である[84]。ローマ法は、ゲルマン法やカノン法と結びつきつつ、普通法を形成し、諸地域の法とともに適用されたり、あるいは、諸地域の法の代わりに適用されたりした。

(2)　各　論

　物権債権峻別論を検討するにあたって、ローマ法の特徴を分析するとすれば、それは、まさにローマ法が物権と債権を厳格に分けていたことにある。中世ドイツ法は、物権の帰属状態や物権変動を根拠づけるために、Gewereを用いていた。Gewere は、その対象として所有権よりも利用権を重視し、かつ、公示性を高めることにその効果を発揮していた。これに対して、ローマ法は、物権と債権を区別するがゆえに、物権の公示力が弱く、物権変動の要件として方式も要求しなかった。また、ローマ法は物権の種類と内容を限定していたところ、ゲルマン法はそのような物権法定主義を採用していなかったために、中世ドイツにおいてそれまで認められていた権利をどのように扱うかが、問題となった[85]。

---

84)　ローマ法の継受は、当時のヨーロッパを席巻したルネッサンス運動の一部としてとらえることができる。この点につき、*Andreas von Tuhr*, Der allgemeine Teil des Deutschen Bürgerlichen Rechts. Erster Band. Allgemeine Lehren und Personenrecht, Berlin 1910, S. 1 を参照。

2 所有権

(1) ゲルマン法との相違

　ローマ法は所有権を完全権として理解していた。この点において、中世ド
イツにおけるゲルマン法の所有権概念とは違いがある。ゲルマン法において
は、所有権は重層的にとらえられていたからである。

(2) ゲルマン法との相対的理解

　もっとも、ゲルマン法も、完全な所有権と、利用権としての性質しか有し
ない所有権とを、次第に区別するようになっていた。このため、ローマ法の
継受を通じて、所有権は完全権として把握されるとともに、完全権ではない
所有権は制限物権として整理されるようになった。すなわち、ローマ法の継
受によって、利用権しか有しない所有権が否定されたのではなく、その権利
が新たに解釈された上で、制限物権として理解されたのである。とはいえ、
ゲルマン法における重層的な所有権概念が、ローマ法における絶対的な所有
権と、その性質において異なることは疑いのないところであった。そこで、
ローマ法上の dominim directum（本来的な所有権）と dominium utile（利用し
うる所有権）を引き合いに出し、ゲルマン法上の上級所有権と下級所有権を
対比するという解釈がなされた[86]。

85）さらに、中世のドイツは封建主義であったところ、ローマ法が前提とするのは市民の
　平等であった。このため、中世ドイツにおいては、当初は、私法における平等原則が社
　会実態にそぐわず、また、売買契約に基づく所有権の移転も多くはなされなかったと考
　えられる。だからこそ、所有権ではなく利用権の重層的な設定がなされていたのである。
　このことは、Gewere の公示力の強さと、その Gewere をもって物権の帰属状態そのも
　のとみて、原因関係との関係を遮断するという、無因性にもつながる。この Gewere の
　概念はローマ法における物権概念とは対立するものであったが、諸地域の法制度におい
　ては、ローマ法の継受の後も存続していくことになる。この点につき、*Achilles Renaud,*
　Lehrbuch des gemeinen deutschen Privatrechts, Erster Band, Pforzheim 1848, S. 450 f.
　を参照。

3　所有権の移転方法

(1)　公示の不要

　それでは、所有権の移転方法はローマ法の継受によってどのような影響を受けたか。それまで、ゲルマン法は、Gewere をめぐる法規範を通じて処分行為の公示力を高める方策を実現させてきた[87]。

　しかし、ローマ法は、このような公示制度を整備していなかったため、普通法が適用される地域においては、処分行為の公示は求められなくなった。したがって、処分行為に関する定めが用意されなかったために、処分行為は要式行為ではなくなり、土地を目的物とした物権の処分にあたって登記は法的意義を有しなくなった[88]。

(2)　物権法定主義との関係

　以上のように、ローマ法の継受がドイツ法に与えた影響は大きい。絶対性があり、かつ、完全権としての所有権概念や、さらには無方式での所有権移転が認められることになった。また、包括的で絶対的な所有権概念が認められたことにより、この所有権と対比する関係で、制限物権が認識されるようになった。このことは、物権法定主義の承認にもつながっていくのである[89]。

---

86) 所有権概念をめぐるローマ法の継受については、たとえば、*Karl Lautz*, Entwicklungsgeschichte des dominium utile, Göttingen 1916, S. 1 ff.; *Wolfgang Wiegand*, Zur theoretischen Begründung der Bodenmobilisierung in der Rechtswissenschaft: der abstrakte Eigentumsbegriff, in: Helmut Coing/Walter Wilhelm (Hrsg.), Wissenschaft und Kodifikation des Privatrechts im 19. Jahrhundert, Band Ⅲ: Die rechtliche und wirtschaftliche Entwicklung des Grundeigentums und Grundkredits, Frankfurt am Main 1976, S. 119 ff. などを参照。

87) Gewere 概念の目的は、目的物の事実上の支配を中心として物権関係を規律することにあった。だからこそ、処分行為の要式化と登記の必要性が導かれたのである。

88) 登記は、実務上は一定の経済的価値を認められたが、それ以上の法的意義は与えられなかった。また、一部の地域では、裁判所による処分行為の認定も行われていたようであるが、それも限定的なものにすぎなかった。処分行為に対するローマ法の継受の影響については、*Renaud*, a.a.O. 85, S. 457 ff. を参照。

89) ローマ法の継受と物権法定主義の関係については、*Kern*, a.a.O. 27, S. 88 f. を参照。

五　自然法

1　usus modernus pandectarum

　ドイツにおけるローマ法の継受は、16世紀末にほぼ完結したとされる。もっとも、ローマ法が継受されたといっても、その原初的な内容がそのままドイツ法として受け入れられたわけではない。ローマ法とゲルマン法の融合がなされるとともに、この時代の実情にそくしたローマ法の新たな解釈も行われた。いわゆる、usus modernus pandectarum（パンデクテンの現代的慣用）である。

　そして、ここで重要な役割をはたしたのが、自然法あるいは自然法概念である。自然法は体系を重んじる思想をもっていたこともあり、この自然法概念に立脚する法典が多く編纂されることになった[90]。

2　ローマ法との相違

　物権法の分野において、ローマ法と自然法はいくつか重要な点で異なっている。自然法においては、たとえば、有体物のみならず無体物も物権の対象とされ、また、物権を公示することが重要と考えられた。とくに、公示が物権として認められる要件とされると、物権の内容と種類を限定するという物権法定主義の考え方は、浸透しにくくなる。というのは、公示可能な権利すべてに物権化の道が開かれるからである。そうすると、そもそも物権と債権を区別する思想も、重要視されなくなる。こうして、あらゆる権利を人的な権利義務の体系に落とし込むという思考様式が採用されるようになった[91]。

90）ローマ法の継受と自然法の関係につき、*Dernburg*, a.a.O. 43, S. 2 ff. を参照。
91）その典型例が、1794年に制定されたALR（プロイセン一般ラント法）である。

3　所有権

⑴　法的性質

　それでは、まず、自然法における所有権概念の性質をみていこう。ここで
は、所有権の絶対性が強調され、制限されることなく目的物を支配する権利
として所有権は構成された[92]。したがって、所有権が制限されることは例外
として位置づけられた。そして、このような抽象的な所有権概念に、さまざ
まな具体的な権限が含まれるようになる[93]。

---

92) たとえば、ALR において、所有者は第三者を排除する権限を有すると定められていた
　　（ALR I 8 § 1）。
　　ALR I 8 § 1：Eigenthümer heißt derjenige, welcher befugt ist, über die Substanz einer
　　Sache, oder eines Rechts, mit Ausschließung Andrer, aus eigner Macht, durch sich
　　selbst, oder durch einen Dritten, zu verfügen.
93) ALR は、所有者に対して、利用権や処分権を明文で認めていた（ALR I 8 § 2 以下）。
　　この点については、*Otto Stobbe*, Handbuch des deutschen Privatrechts, Band 2, 2.
　　Auflage, Berlin 1883, S. 50 ff. を参照。
　　ALR I 8 § 2：Alles, was einen ausschließenden Nutzen gewähren kann, ist ein
　　Gegenstand des Eigenthums.
　　§ 3：Sachen, von deren Benutzung, ihrer Natur nach, niemand ausgeschlossen werden
　　kann, können kein Eigenthum einzelner Personen werden.
　　§ 4：Ein Gleiches gilt von Sachen, welche durch die Gesetze des Staats vom gemeinen
　　Verkehr ausgenommen sind.
　　§ 5：Daß eine Sache, die an sich ein Gegenstand des Eigenthums seyn kann, vom
　　gemeinen Privatverkehr ausgenommen sey, wird nicht vermuthet.
　　§ 6：Ein jeder, den die Gesetze nicht besonders ausschließen, kann durch sich selbst
　　oder durch Andre Eigenthum erwerben.
　　§ 7：Aus der eintretenden Unfähigkeit zur Erwerbung von Sachen gewisser Art, folgt
　　noch nicht die Unfähigkeit zur Fortsetzung des Eigenthums von vorhin schon
　　erworbnen Sachen derselben Art.
　　§ 8：Wird aber zur Ausübung gewisser mit dem Eigenthume einer Sache verbundnen
　　Rechte, zugleich eine persönliche Eigenschaft erfordert, so ruht die Ausübung dieser
　　Rechte, sobald und so lange dem dermaligen Eigenthümer die persönliche Eigenschaft
　　ermangelt.
　　§ 9：Zum vollen Eigenthume gehört das Recht, die Sache zu besitzen, zu gebrauchen,
　　und sich derselben zu begeben.
　　§ 10：Das Recht, über die Substanz der Sache zu verfügen, wird Proprietät genannt.
　　§ 11：Das Recht, eine Sache zu seinem Vortheil zu gebrauchen, heißt das
　　Nutzungsrecht.
　　§ 12：Das zum Eigenthum gehörende Nutzungsrecht erstreckt sich auf alle Vortheile,

　ここで注意すべきなのは、ドイツ法に適合するように解釈されたローマ法は自然法における厳格な所有権概念と相容れないわけではなかった、ということである。むしろ、論点は、所有権概念の理解の仕方にあった。すなわち、所有権を1つの完全かつ円満な権利としてとらえるか、あるいは、人的な当事者間のさまざまな権利関係の集合体としてとらえるか、である。しかし、それでもなお、厳格な所有権概念は維持され、所有者の権限を制限することは例外であった。したがって、所有権以外の物権が行使される場合には、所有者の権限ができる限り制限されないように、物権概念は狭く解されることになったのである[94]。

---

welche die Sache gewähren kann.

　§ 13：Der Eigenthümer ist von dem Gebrauche seiner Sache, so weit es die Gesetze nicht ausdrücklich verordnen, niemanden Rechenschaft zu geben schuldig.

94）所有権概念の理解の仕方について、*Wolfgang Wiegand*, Numerus clausus der dinglichen Rechte. Zur Entstehung und Bedeutung eines zentralen zivilrechtlichen Dogmas, in: Wege europäischer Rechtsgeschichte, Karl Kroeschell zum 60. Geburtstag, Frankfurt am Main, Bern, New York, Paris 1987, S. 628; *Bénédict Winiger*, Das rationale Pflichtenrecht Christian Wolffs. Bedeutung und Funktion der transzendentalen, logischen und moralischen Wahrheit im systematischen und theistischen Naturrecht Wolffs, Berlin 1992, S. 54 ff. を参照。また、ALR には、所有権の制限を限定する規定が定められていた。なお、上級所有権と下級所有権の区別は都市においてはすでに否定されるようになっていたが、ALR 上ではこの区別が存在していた（ALR I 19 § 1 以下、8 § 14 以下、および、18 § 1 以下）。このような所有権の分割が否定されるようになったのは、19 世紀に入ってからであった。この点については、*Anton Friedrich Justus Thibaut*, Über dominium directum und utile, in: Versuche über einzelne Theile der Theorie des Rechts, Zweyter Band, 2. Auflage, Jena 1817, S. 67 ff. を参照。

ALR I 19 § 1：Das Eigenthum einer Sache oder eines Rechts kann durch Befugnisse, die einem Andern in Beziehung auf dieselben zukommen, eingeschränkt und belastet werden.

　§ 2：Persönliche Rechte zu einer fremden Sache äußern ihre Wirkung auf dieselbe nur so lange, als die Sache sich noch im Besitze des persönlich Verpflichteten befindet.

　§ 3：Ist die Sache, zu welcher jemanden ein bloß persönliches Recht zustand, an einen Dritten veräußert worden: und dieser hat die persönliche Pflicht des vorigen Besitzers nicht mit übernommen: so ist der persönlich Berechtigte in der Regel nur von seinem Schuldner Schadloshaltung zu fordern befugt.

　§ 4：Wenn also zwey oder mehrere, zu ein und eben derselben Sache, von dem Besitzer derselben ein persönliches Recht erlangt hatten: so schließt zwar derjenige, dessen persönliches Recht durch die Einräumung des Besitzes in ein dingliches übergegangen ist, den andern aus.

　§ 5：Kann aber der Besitznehmer überführt werden, daß ihm das zu derselben Sache erlangte persönliche Recht des andern zur Zeit der Besitzergreifung schon bekannt gewesen sey: so kann er sich seines durch die Uebergabe entstandenen dinglichen Rechts gegen denselben nicht bedienen.

§ 6 : Vielmehr muß zwischen ihnen die Frage: welchem von beyden durch die Einräumung des Besitzes ein dingliches Recht beyzulegen sey: lediglich nach der Beschaffenheit ihres beyderseitigen persönlichen Rechts zur Sache entschieden werden.

§ 7 : Die aus dinglichen Rechten auf fremde Sachen entstehenden Verpflichtungen muß in der Regel jeder Besitzer derselben anerkennen.

§ 8 : Ist aber der Besitzer der Sache nicht zugleich persönlich verpflichtet: so dauert seine Verbindlichkeit nur so lange, als er sich in dem Besitze der verpflichteten Sache befindet.

§ 9 : Der Eigenthümer kann in seiner Verfügung, sowohl über die Substanz, als über den Gebrauch und die Nutzung seiner Sache, durch dergleichen fremde Rechte eingeschränkt seyn.

§ 10 : Ein Rechtsstreit, durch welchen die Richtigkeit eines dinglichen Rechts auf die Substanz einer fremden Sache ausgemittelt werden soll, kann nur mit dem Eigenthümer oder vollständigen Besitzer derselben gültig verhandelt werden.

§ 11 : Bey getheiltem Eigenthume ist ein solcher mit dem Untereigenthümer allein geführter Rechtsstreit, gegen den Obereigenthümer, und so umgekehrt, von keiner Wirkung.

§ 12 : Bey näherer Bestimmung der Rechte auf fremdes Eigenthum muß zuvörderst auf den Inhalt der Willenserklärungen, wodurch sie bestellt worden: hiernächst aber auf die Natur und den Zweck des Geschäfts, und die darüber ergangenen gesetzlichen Vorschriften gesehen werden.

§ 13 : Dagegen geben, bey dergleichen Rechten, die unmittelbar aus dem Gesetze entstehen, nur diese Vorschriften den Bestimmungsgrund an die Hand, so weit sie durch gültige Willenserklärungen nicht ausdrücklich geändert sind.

§ 14 : Einschränkungen und Belastungen des Eigenthums werden niemals vermuthet.

§ 15 : Ist das Daseyn einer Einschränkung klar: die Art derselben aber streitig und zweifelhaft: so findet die Vermuthung für diejenige Art der Einschränkung statt, welche dem Eigenthümer am wenigsten lästig ist.

§ 16 : Ist es also zweifelhaft: ob der Verpflichtete in seiner Sache etwas zu thun, oder nur etwas zu dulden verpflichtet sey, so wird letzteres angenommen.

§ 17 : Auch wenn die Art und Gattung des Rechts auf eine fremde Sache an sich bestimmt ist, muß dennoch dasselbe, im zweifelhaften Falle, so viel es seine Natur und der ausdrücklich erklärte Zweck seiner Bestellung zulassen, zum Besten des Eigenthümers eingeschränkt werden.

§ 18 : Doch ist dabey dahin zu sehen, daß der Berechtigte an dem nützlichen Gebrauche seines Rechts nicht gehindert, oder ihm dasselbe gar vereitelt werde.

§ 19 : Der Eigenthümer kann also das dem Einen eingeräumte dingliche Recht einem Zweyten nur in so fern zugstehn, als es ohne Nachtheil des zuerst Berechtigten geschehen kann.

§ 20：Kann das Recht, mit gleicher Wirkung für den Berechtigten, auf mehr als eine Art ausgeübt werden: so ist allemal diejenige zu wählen, welche dem Eigenthümer am wenigsten lästig oder nachtheilig ist.

§ 21：Ungewöhnlicher dem Eigenthümer zur Beschwerde gereichender Arten der Ausübung, kann der Berechtigte sich ohne Einwilligung des Eigenthümers, oder einen andern besondern Rechtsgrund, nicht anmaßen.

§ 22：Rechte, welche nur zur Nothdurft einer bestimmten Person oder Sache bewilligt worden, können auf andre Personen oder Sachen einseitig nicht übertragen werden.

§ 23：Ist dergleichen Einschränkung nicht vorhanden: so hängt die Uebertragung eines solchen Rechts von dem Gutfinden des Berechtigten in so weit ab, als die Verpflichtung und Belastung des Eigenthümers dadurch nicht vergrößert oder erschwert wird.

§ 24：Sind Rechte in Ansehung einer fremden Sache jemanden zum Gebrauch nach seiner Nothdurft eingeräumt worden: so ist allemal auf die zur Zeit der Einräumung vorgewalteten Umstände Rücksicht zu nehmen.

§ 25：Durch bloß willkührliche in dem vorhergehenden Zustande nicht gegründete Veränderungen der persönlichen Umstände des Berechtigten, darf als die Last des Verpflichteten nicht erschwert werden.

§ 26：Auf Rechte, die jemanden zu seiner persönlichen Nothdurft eingeräumt worden, haben seine Hausgenossen für ihre Personen keinen Anspruch.

§ 27：Ist aber das Recht einer Familie beygelegt, so nehmen auch die in der Folge hinzukommenden Mitglieder derselben daran Theil.

§ 28：Ist jemanden dergleichen Recht zu seiner Nothdurft, ohne weitere Bestimmung, als ein Theil seiner Besoldung eingeräumt: so ist anzunehmen, daß ihm dasselbe für sich und seine Familie, mit Inbegriff seines Gesindes, so lange er im Amte steht, zukomme.

§ 29：Rechte auf fremde Sachen erlöschen in der Regel mittelst der Verjährung durch bloßen Nichtgebrauch.

§ 30：Durch freywillige Entsagung auf den Gebrauch seines Rechts, wird der Berechtigte von seiner dagegen übernommenen Verbindlichkeit nicht frey.

§ 31：Wird er aber ohne seine Zuthun außer Stand gesetzt, sich seines Rechts ferner zu bedienen: so befreyt ihn dieses auch von der dagegen übernommenen Verbindlichkeit.

§ 32：So lange jemand die Verbindlichkeit, gegen welche ihm ein Recht auf eine fremde Sache eingeräumt worden, erfüllt, kann keine Verjährung wider ihn anfangen, wenn er auch von seinem Rechte keinen Gebrauch gemacht hätte.

§ 33：Rechte auf und zu fremden Sachen erlöschen, wenn das Recht desjenigen, welcher sie bestellt hat, aufhört: und die Sache an einen Andern fällt, der auf selbige, schon vor der Einräumung jener Befugnisse, einen gegründeten Anspruch hatte.

8 § 14：Wenn das volle Eigenthum über eine Sache mehrern Personen zukommt, so ist ein gemeinschaftliches Eigenthum vorhanden.

§ 15：Die Personen, welche ein solches gemeinschaftliches Eigenthum haben, werden Miteigenthümer der Sache genannt.

§ 16：Das Eigenthum einer Sache ist getheilt, wenn die darunter begriffnen verschiednen Rechte, verschiednen Personen zukommen.

§ 17：In so fern mehrere Personen an einem dieser Rechte Theil nehmen, ist das Recht, nicht aber die Sache selbst, ihr gemeinschaftliches Eigenthum.

§ 18：Wenn es auf Verfügungen über das volle Eigenthum der Sache ankommt, so werden die mehrern Miteigenthümer eines jeden einzelnen darunter begriffnen Rechts nur als Eine Person betrachtet.

§ 19：Wer nur die Proprietät der Sache, ohne das Nutzungsrecht hat, wird Eigner genannt.

§ 20：Wer Miteigner der Proprietät ist, und zugleich das Nutzungsrecht hat, dem wird ein nutzbares Eigenthum der Sache beygelegt.

§ 21：Das Eigenthum heißt eingeschränkt, wenn dem Eigenthümer nur gewisse Arten der Ausübung der darunter begriffnen Rechte versagt sind.

§ 22：Daß das Eigenthum einer Sache, und die Rechte, welche aus der Natur des Eigenthums fließen, getheilt sind, wird nicht vermuthet.

§ 23：Wer ein volles Eigenthum der Sache hat, für den streitet die Vermuthung, daß dasselbe uneingeschränkt sey.

§ 24：Auch bey dem getheilten Eigenthume werden Einschränkungen des einem jeden Theilnehmer zukommenden Rechts nur in so fern vermuthet, als sie aus der Natur des dem andern Theilnehmer beywohnenden Rechts von selbst folgen.

§ 25：Einschränkungen des Eigenthums müssen also durch Natur, Gesetze, oder Willenserklärungen bestimmt seyn.

§ 26：Jeder Gebrauch des Eigenthums ist daher erlaubt und rechtmäßig, durch welchen weder wohlerworbne Rechte eines Andern gekränkt, noch die in den Gesetzen des Staats vorgeschriebnen Schranken überschritten werden.

§ 27：Niemand darf sein Eigenthum zur Kränkung oder Beschädigung Andrer mißbrauchen.

§ 28：Mißbrauch heißt ein solcher Gebrauch des Eigenthums, welcher vermöge seiner Natur nur die Kränkung eines Andern zur Absicht haben kann.

§ 29：Der Staat kann das Privateigentum seiner Bürger nur alsdann einschränken, wenn dadurch ein erheblicher Schade von Andern oder von dem Staate selbst abgewendet, oder ihnen ein beträchtlicher Vortheil verschafft werden, beydes aber ohne allen Nachtheil des Eigenthümers geschehen kann.

§ 30：Ferner alsdann, wenn der abzuwendende Schade, oder der zu verschaffende Vortheil des Staats selbst, oder andrer Bürger desselben, den aus der Einschränkung für den Eigenthümer entstehenden Nachtheil beträchtlich überwiegt.

§ 31：Doch muß in diesem letztern Falle der Staat zugleich dafür sorgen, daß der einzuschränkende Eigenthümer für den dadurch erleidenden Verlust vollständig schadlos gehalten werde.

§ 32：In allen Fällen aber können Einschränkungen des Eigenthums, welche nicht aus besondern wohl erworbnen Rechten eines Andern entspringen, nur durch Gesetze begründet werden.

18 § 1：Wenn das Eigenthum getheilt ist, so wird derjenige, welchem nur ein Miteigenthum an der Proprietät, aber kein Antheil an dem zum Eigenthume

(2)　物権法定主義

　もっとも、自然法が公示の必要性を重視していたことから、所有権のみならず物権以外の権利にも、公示の存在を前提として、その権利に絶対効を与えることができるようになった。たしかに、所有権を制限するような物権の存在はできる限り抑制的になされたという点では、物権の種類は限定された。つまり、物権概念は狭く解され、制限物権の種類も限定された。しかし、物権以外の権利にも絶対効を付与することがありうるとなると、いわゆる権利の物権化が促進されることにもなり、この点に着目すれば、物権的な効果をもつ権利は拡張される、とも評価できる[95]。

---

gehörenden Nutzungsrechte zukommt, Obereigenthümer genannt.

§ 2 : Ueber die Proprietät der Sache können nur der Ober- und nutzbare Eigentümer gemeinschaftlich, mithin keiner derselben ohne Zuziehung und Bewilligung des Andern, gültig verfügen.

§ 3 : Das zum Eigenthume gehörige Mitbesitzungsrecht des Obereigenthümers ruht so lange, als der nutzbare Eigenthümer, seines Rechts auf die Sache nicht verlustig geworden ist.

§ 4 : Das zum Eigenthume gehörige Nutzungsrecht ist in dem besondern und ausschließenden Eigenthume des nutzbaren Eigenthümers.

§ 5 : Dieser kann also über den Gebrauch der Sache so weit gültig verfügen, als dadurch die dem Obereigenthümer zukommenden Rechte nicht geschmälert werden.

§ 6 : Wer das nutzbare Eigenthum hat, ist berechtigt, allen Vortheil von der Sache zu ziehn, welcher von derselben, ihrer Substanz unbeschadet, erhalten werden kann.

§ 7 : Auch außerordentliche Nutzungen, die sonst keinem, als dem wirklichen Eigenthümer der Sache gehören, kommen dem nutzbaren Eigenthümer zu.

§ 8 : Zu Veränderungen der ganzen Sache, wodurch sie aufhört, dieselbe Sache zu seyn, ist der nutzbare Eigenthümer nicht berechtigt.

§ 9 : Wohl aber ist er befugt, einzelne Theile oder unter einem Inbegriffe von Sachen enthaltene Stücke zu ändern, so weit es ohne Verminderung des Ganzen, und ohne die Hauptbestimmung desselben zu verändern, geschehen kann.

§ 10 : Selbst zur Verringerung eines Theils der Sache ist der nutzbare Eigenthümer berechtigt, wenn ohne dergleichen Verringerung dieser Theil der Sache gar nicht genossen werden könnte.

§ 11 : Dagegen ist aber auch der nutzbare Eigentümer alle ordentliche und außerordentliche Lasten der Sache, ohne Beytritt des Obereigenthümers zu tragen verpflichtet.

§ 12 : Die verschiedenen Bedingungen, unter welchen das Obereigenthum von dem nutzbaren getrennt worden, bestimmen die verschiedenen Arten des getheilten Eigenthums.

4 ius ad rem

(1) 法的性質

　そこで、注目に値するのが、1794 年の ALR（プロイセン一般ラント法）において明文で認められた、ius ad rem である[96]。ALR は、債権関係に基づく請求権に対して、第三者の悪意を要件としつつ、絶対効を付与する可能性を認めたのであった。一方で、ius ad rem を行使しようとする者が目的物をすで

---

95) この点については、*Eugen Fuchs*, Das Wesen der Dinglichkeit. Ein Beitrag zur allgemeinen Rechtslehre und zur Kritik des Entwurfs eines bürgerlichen Gesetzbuches für das Deutsche Reich, Berlin 1889, S. 66 f. を参照。さらに、公示であるところの引渡しや登記が物権変動の効力要件と定められた当時の立法例として、ABGB（オーストリア一般民法典）がある。

ABGB § 426：Bewegliche Sachen können in der Regel nur durch körperliche Uebergabe von Hand zu Hand an einen Andern übertragen werden.

　§ 431：Zur Uebertragung des Eigenthumes unbeweglicher Sachen muß das Erwer-bungsgeschäft in die dazu bestimmten öffentlichen Bücher eingetragen werden. Diese Eintragung nennt man Einverleibung（Intabulation）.

96) ALR における ius ad rem に関連する条文として、ALR I 2 § 1 以下、7 § 70 以下、9 § 1 以下、および、10 § 1 以下がある。

ALR I 2 § 1：Sache überhaupt heißt im Sinne des Gesetzes alles, was der Gegenstand eines Rechts oder einer Verbindlichkeit seyn kann.

　§ 2：Auch die Handlungen der Menschen, ingleichen ihre Rechte, in so fern dieselben den Gegenstand eines andern Rechts ausmachen, sind unter der allgemeinen Benennung von Sachen begriffen.

　§ 3：Im engern Sinne wird Sache nur dasjenige genannt, was entweder von Natur, oder durch die Uebereinkunft der Menschen, eine Selbstständigkeit hat, vermöge deren es der Gegenstand eines dauernden Rechts seyn kann.

　§ 4：Alle Theile und Eigenschaften einer Sache, ohne welche dieselbe nicht das seyn kann, was sie vorstellen soll, oder wozu sie bestimmt ist, gehören zur Substanz.

　§ 5：So lange also durch die Aenderung oder Verwechselung einzelner Theile die Sache weder vernichtet, noch die Hauptbestimmung derselben geändert worden ist, so lange ist noch keine Veränderung in der Substanz vorgefallen.

　§ 6：Je nachdem eine Sache, ihrer Substanz unbeschadet, von einer Stelle zur andern gebracht werden kann, oder nicht, wird sie für beweglich oder unbeweglich angesehn.

　§ 7：Rechte werden als bewegliche Sachen betrachtet.

　§ 8：Wenn aber die Befugniß zur Ausübung eines Rechts mit dem Besitz einer unbeweglichen Sache verbunden ist, so ist das Recht selbst als eine unbewegliche Sache anzusehen.

　§ 9：Außerdem hat ein Recht die Eigenschaft einer unbeweglichen Sache nur alsdenn, wenn ihm dieselbe durch besondre Gesetze ausdrücklich beygelegt worden.

§ 10 : Unter dem Ausdruck: Mobiliar- oder bewegliches Vermögen, sind alle bewegliche Sachen zu verstehen, in so fern sie nicht als Pertinenzstücke zu einer unbeweglichen Sache gehören.

§ 11 : Unter baarem Vermögen wird nur geprägtes Geld, außer seltnen Münzen und Medaillen, ingleichen gemünztes Papier, verstanden.

§ 12 : Die auf jeden Inhaber lautende Papiere, z. B. Banknoten, Pfandbriefe, Aktien u. s. w., sie mögen Zinsen tragen, oder nicht, werden, gleich andern Schuldinstrumenten, zum Kapitalsvermögen gerechnet.

§ 13 : Der Ausdruck: Effekten, begreift alle bewegliche Sachen, außer dem baaren Gelde, und dem Kapitalsvermögen, unter sich.

§ 14 : Bewegliche Sachen, welche zum bequemen Gebrauch, oder Verzierung einer Wohnung, oder eines andern Aufenthalts, bestimmt sind, werden Möbeln genannt.

§ 15 : Hausrath heißen alle bewegliche Sachen, welche in dergleichen Orten zum gemeinen Dienste der Einwohner bestimmt sind.

§ 16 : Bewegliche Sachen, welche zum Betrieb eines gewissen Geschäftes oder Gewerbes, in oder außer der Wohnung, bestimmt sind, werden unter dem Namen der Geräthschaften begriffen.

§ 17 : Unter Moventien werden nutzbare lebendige Geschöpfe verstanden.

§ 18 : Der allgemeine Ausdruck: Mobilien, begreift Möbeln, Hausrath und Geräthschaften unter sich.

§ 19 : Durch den Ausdruck: edle Metalle, wird nur unverarbeitetes Gold und Silber angedeutet.

§ 20 : Die Worte: Gold und Silber, begreifen verarbeitetes und unverarbeitetes, nicht aber geprägtes: Gold und Silber unter sich.

§ 21 : Unter Juwelen sind auch Perlen und andre kostbare Steine, welche zur Pracht getragen werden, mit begriffen.

§ 22 : Unter Schmuck und Geschmeide werden ächte und unächte Juwelen, auch die aus Gold und Silber verfertigten, oder damit überzognen Zierrathen verstanden.

§ 23 : Putz ist, was außer Schmuck und Geschmeide zur Verzierung der Person getragen wird, und nicht selbst einen Theil eines Kleidungsstücks ausmacht.

§ 24 : Zur Kleidung oder Garderobe gehören alle Arten von Kleidungsstücken, mit Inbegriff der zum persönlichen Gebrauch bestimmten Leibwäsche, bereits zugeschnittnen Zeuge, und Leinwanden.

§ 25 : Weißzeug oder Wäsche begreift alles leinene Geräthe, insonderheit aber Leib-, Bett- und Tischwäsche unter sich.

§ 26 : Spitzen und Kanten gehören nicht zur Wäsche, oder zum Weißzeug, wohl aber zum Putz.

§ 27 : Equipage bedeutet Wagen und Pferde, sammt dazu gehörigem Geschirre, die zur Bequemlichkeit des Eigenthümers bestimmt sind.

§ 28 : Reitpferde und Reitzeug werden gewöhnlich unter dem Ausdruck: Equipage, nicht mit verstanden.

§ 29 : Wird aber dieser Ausdruck von Militairpersonen gebraucht, so gehört zur Equipage alles, was zur Ausrüstung einer solchen Person, sowohl im Standquartier, als im Felde, nach der Verfassung in der Armee, erfordert wird.

§ 30 : In Ansehung der Personen, welche zwar nicht zum Militair gehören, aber doch ihres Amts, oder ihrer Verrichtung wegen, sich der Reitpferde bedienen müssen, werden auch diese, nebst den dazu gehörigen Geräthschaften, unter Equipage begriffen.

§ 31 : In so fern eine Sache für sich selbst den Gegenstand eines Rechts ausmacht, wird sie als eine besondre oder für sich bestehende Sache beurtheilt.

§ 32 : Mehrere besondere Sachen, die mit einem gemeinschaftlichen Namen bezeichnet zu werden pflegen, machen einen Inbegriff von Sachen aus, und werden, zusammen genommen, als ein einzelnes Ganzes betrachtet.

§ 33 : Auch der Inbegriff aller einzelnen Sachen und Rechte, die einem Menschen zugehören, kann als ein einzelnes Ganzes angesehen werden.

§ 34 : Der Inbegriff der Sachen und Rechte eines Verstorbenen heißt dessen Verlassenschaft.

§ 35 : In Beziehung auf denjenigen, welcher dergleichen Inbegriff überkommt, wird solcher Erbschaft genannt.

§ 36 : An den Befugnissen und Lasten eines Inbegriffs nehmen alle einzelne darunter begriffne, und demselben in der Folge zuwachsende oder einverleibte Stücke Theil.

§ 37 : Wenn aber ein einzelnes Stück im ordentlichen Laufe der Natur, oder der Geschäfte, von dem Ganzen abgesondert worden, so hört die Theilnehmung desselben an den Rechten und Lasten des Inbegriffs auf.

§ 38 : Durch den Zutritt oder Abgang einzelner Stücke werden die Rechte und Verbindlichkeiten in Ansehung des Ganzen nicht geändert.

§ 39 : Auch gehen die besondern Rechte und Lasten einer einzelnen Sache bloß durch die einseitige Handlung, vermöge welcher die Sache einem Inbegriff einverleibt worden ist, noch nicht verloren.

§ 40 : Rechte, die bloß an den Stand gebunden sind, werden einem Inbegriff von Sachen und Rechten, im gesetzlichen Sinne, nicht beygezählt.

§ 41 : Eine Sache heißt untheilbar, wenn entweder Natur oder Gesetz der Absonderung ihrer Theile von einander entgegen stehn.

§ 42 : Eine Sache, welche zwar für sich selbst bestehen kann, die aber mit einer andern Sache in eine fortwährende Verbindung gesetzt worden, wird ein Zubehör oder Pertinenzstück derselben genannt.

§ 43 : Unbewegliche Sachen, die mit einer andern unbeweglichen Sache durch die Natur verbunden worden, machen mit ihr nur Eine Substanz aus.

§ 44 : Dagegen haben sowohl bewegliche als unbewegliche Sachen, die einem andern Ganzen durch die Handlung oder Bestimmung eines Menschen zugeschlagen werden, die Eigenschaft eines Pertinenzstücks.

§ 45 : Auch bewegliche natürliche Zuwüchse einer Sache sind nur so lange, als sie davon noch nicht, vermöge des gewöhnlichen Nutzungsrechts, abgesondert worden, für ein Zubehör derselben anzusehn.

§ 46 : Die Nebensache, ohne welche die Hauptsache zu ihrer Bestimmung nicht gebraucht werden kann, wird, auch ohne ausdrückliche Erklärung, als Zubehör angesehn.

§ 47 : Was zum Pertinenzstück gehört, das gehört auch zur Hauptsache.

§ 48 : Als Pertinenzstücke eines Landguts werden, in der Regel, alle darauf befindliche Sachen angesehen, welche zum Betrieb des Ackerbaues und der Viehzucht gebraucht werden.

§ 49 : Auch Vorräthe von Gutserzeugnissen, welche erforderlich sind, um die Wirtschaft so lange fortzusetzen, bis dergleichen Erzeugnisse aus dem Gute selbst, nach dem gewöhnlichen Laufe der Natur wieder genommen werden können, werden zum Zubehör desselben gerechnet.

§ 50 : Auch das Feldinventarium, an Düngung, Pflugarten, und Aussaat, gehört zu den Pertinenzstücken eines Landguts.

§ 51 : Desgleichen aller Vorrath an natürlicher und künstlicher Düngung.

§ 52 : Alles auf dem Gute befindliche, zu dessen Bewirthschaftung bestimmte Zug- und Lastvieh, ingleichen alles vorhandne nutzbare Vieh, nebst den zu beyden gehörigen Geräthschaften, sind Pertinenzstücke dieses Landguts.

§ 53 : An jungem Vieh wird so viel zum Zubehör des Guts gerechnet, als zur Unterhaltung des Bestandes erforderlich ist.

§ 54 : Vieh, welches bloß zum Verkauf oder Hausgebrauch auf die Mast gestellt worden, ist kein Pertinenzstück eines Landguts.

§ 55 : Die in den Teichen zur Besaamung oder zum Wachsthum ausgesetzten Fische werden als Zubehör des Teiches angesehn.

§ 56 : Dagegen werden Fische in den Behältern dazu nicht gerechnet.

§ 57 : Ueberhaupt sind Thiere, welche bloß zum Haus- oder persönlichen Gebrauch, oder zum Vergnügen des Besitzers, gehalten werden, unter den Pertinenzstücken eines Landgutes nicht mit begriffen.

§ 58 : Gemeine Hüner, Gänse, Enten, Tauben, und Truthüner, werden zu den Pertinenzstücken eines Landguts gerechnet.

§ 59 : Seltne Arten von Federvieh gehören nur in so weit zu den Pertinenzstücken, als nicht gemeine Arten derselben Gattung in einer verhältnißmäßigen Anzahl vorhanden sind.

§ 60 : In so fern alle vorstehend benannte Stücke bey einem Gute zwar befindlich, aber nicht dem Eigenthümer desselben, sondern einem Dritten, zuständig sind, haben sie nicht die Eigenschaft der Pertinenzstücke.

§ 61 : Was von Pertinenzstücken eines Landguts verordnet ist, gilt auch von dem Zubehör der bey einem städtischen Grundstück befindlichen Vieh- und Ackerwirth-schaft.

§ 62 : Risse, Karten, Urkunden, und andre Schriften, welche zur nähern Kenntniß eines Grundstücks, oder zur Begründung der Gerechtsame desselben dienen, sind als Pertinenzstücke davon anzusehn.

§ 63 : Betreffen dergleichen Urkunden zugleich andre Gegenstände, so muß der Uebernehmer der Hauptsache mit beglaubten Auszügen oder Abschriften davon sich begnügen.

§ 64 : Forstgeräthschaften sind Pertinenzstücke eines Waldes.

§ 65 : Geschlagnes Holz wird zu den Pertinenzstücken eines für sich allein betrachteten Waldes nicht mit gerechnet.

§ 66：Ist aber von einem Gute die Rede, bey welchem sich ein Wald befindet, so wird von dem vorhandnen geschlagnen Holze so viel, als zur Fortsetzung der Wirtschaft bis zum nächsten gewöhnlichen Holzschlage erforderlich ist, zum Zubehör dieses Guts gerechnet.

§ 67：Zur Jagdgerechtigkeit gehören alle vorräthige Netze, Lappen, und andre dergleichen Jagdgeräthschaften；nicht aber das Schießgewehr, die Jagdhunde und Pferde, oder andre zum persönlichen Gebrauch des Jagenden bestimmte Stücke.

§ 68：Zur Brau- oder Branntweinbrennerey-Gerechtigkeit gehören die im Brau- oder Branntweinhause und Keller befindlichen Pfannen, Töpfe, Kessel, Fässer und andre Geräthschaften.

§ 69：Wird aber eine solche Gerechtigkeit selbst als Zubehör eines Hauses oder Landguts angesehn, so haben alle zum Gebrauch dabey bestimmte Geräthschaften, welche sich an dem Orte befinden, die Eigenschaft der Pertinenzstücke.

§ 70：Alle zum Behuf eines Weinbergs angelegte Geländer und Pressen, ingleichen die dazu gehörigen Geräthschaften, wie auch die zur Bearbeitung des Weinbergs, Einsammlung der Trauben und Verwahrung des Mostes, nicht aber zur fernern Aufbewahrung des Weins, vorhandene Geräthschaften und Gefäße, sind für Pertinenz-stücke dieses Weinbergs zu achten.

§ 71：Alle in der Schenkstube und in dem Keller vorräthige Schankgeräthschaften gehören zu der Schankgerechtigkeit, wenn diese mit dem Grundstück, worauf sie haftet, zugleich übergeben werden soll.

§ 72：Fässer und Gefäße, welche in einem Keller zum beständigen Gebrauch bestimmt sind, werden, in allen Fällen, als Pertinenzstücke des Kellers betrachtet.

§ 73：Zu einem Garten gehören alle zu dessen Anbau, Gebrauch und Auszierung dienende Geräthschaften, Gefäße, Rüstungen und Gebäude.

§ 74：Besonders werden dazu Orangerie und Blumen, nebst den Bildsäulen und Gemälden, die in freyer Luft aufgerichtet sind, gerechnet.

§ 75：Die Pertinenzstücke der Gebäude müssen nach den verschiednen Be-stimmungen derselben beurtheilt werden.

§ 76：Zu einem Wohnhause gehört alles, ohne welches dasselbe weder bezogen, noch vollständig bewohnt werden kann.

§ 77：Möbeln, Hausrath und Geräthschaften gehören nicht nothwendig zum Hause.

§ 78：Sie werden aber dazu gerechnet, wenn sie, ohne Beschädigung des Baues, nicht weggenommen werden können.

§ 79：Dagegen sind Geräthschaften, welche, nach der Bestimmung eines Gebäudes, zum Betrieb eines gewissen Gewerbes gewidmet sind, für ein Zubehör des Gebäudes anzusehn.

§ 80：Es wird vermuthet, daß eine bewegliche Sache zum Pertinenzstück eines Gebäudes bestimmt sey, wenn dieselbe eingegraben, eingegossen, eingemauert, oder durch Zimmerarbeit damit verbunden ist.

§ 81：Diese Vermuthung fällt aber weg, wenn aus der eigenthümlichen Beschaffenheit eines solchen Stücks erhellet, daß dasselbe nicht zum Gebrauch des Hauses, sondern der Person des bisherigen Besitzers, oder einer andern beweglichen Sache, die selbst kein Pertinenzstück ist, bestimmt gewesen.

§ 82 : Befestigte Schlösser, und die dazu gehörenden Schlüssel, nicht aber die Vorlegeschlösser, sind Pertinenzstücke eines Gebäudes.

§ 83 : Angeschlagene Wandtapeten, ingleichen die in der Wand befestigten Jalousien und Fensterladen, dergleichen Hausglocken und Bratenwender, so wie alle Kaminbretter, sind für Pertinenzstücke zu achten.

§ 84 : Eben diese Eigenschaften haben selbst bewegliche Oefen und Ofenthüren, ingleichen Haus– und Bodenleitern und Feuerlöschinstrumente.

§ 85 : Dagegen werden Kleider– und Bücherschränke, wenn sie auch in oder an der Wand befestigt worden, dafür, im zweifelhaften Falle, nicht geachtet.

§ 86 : Schränke und Bettstellen aber, die in der Mauer selbst befestigt sind, werden für Pertinenzstücke angesehn.

§ 87 : Buden und Kramladen, welche an ein Haus angebaut sind, und mit diesem bisher einerley Eigenthümer gehabt haben, werden als ein Theil des Hauses betrachtet.

§ 88 : Materialien, welche zur Ausbesserung, Verschönerung, oder Vergrößerung eines Gebäudes bestimmt, und schon auf dem Bauplatze befindlich sind, gehören zu den Pertinenzstücken desselben.

§ 89 : Desgleichen diejenigen Materialien, welche von einem eingefallenen oder eingerissenen Gebäude noch vorhanden sind.

§ 90 : Zu einem Gasthof gehören Betten und alle Geräthschaften, die eigentlich zur Aufnahme und Bewirthung der Reisenden und ihres Gespannes bestimmt sind.

§ 91 : Als Zubehör eines Schiffs sind alle dabey befindlichen, und zu dessen Gebrauch bestimmten, Anker, Masten, Taue, und andere Schiffsgeräthschaften, ingleichen Kanonen, nicht aber andres Gewehr, und noch weniger Munition oder Kriegsbedürfnisse, anzusehn.

§ 92 : Zu einer Mühle gehört, außer den Geräthschaften, welche zum Betrieb des Werks dienen, auch das vorräthige, zur Ausbesserung bestimmte, Schirrholz und Eisengeräthe.

§ 93 : Zu den Pertinenzstücken einer Fabrike werden nur die zu deren Betrieb bestimmte Geräthschaften, nicht aber die vorräthigen Materialen, oder in der Arbeit befindlichen, und noch weniger die bereits verarbeiteten Sachen gerechnet.

§ 94 : Dagegen gehören zu einer Apotheke, außer den vorhandenen Geräthschaften und Gefäßen, auch die darin befindlichen Apothekerwaaren.

§ 95 : Bey einem Kramladen werden zwar Tische und Waarenbehältnisse, aber nicht die vorräthigen Waaren selbst, als Pertinenzstücke angesehen.

§ 96 : Zu einer Bibliothek werden auch die Repositorien und Schränke gerechnet, in welchen die Bücher sich befinden.

§ 97 : Auch zu Naturalien und Kunstsammlungen gehören die zu deren Aufstellung gewidmeten Behältnisse.

§ 98 : Bildsäulen und andre Sachen, die außer den Behältnissen, bloß zur Auszierung des Zimmers bestimmt waren, sind keine Pertinenzstücke der Bibliothek, oder des Naturalienkabinets.

§ 99：Dagegen werden Erd- und Himmelskugeln, Landkarten, Zeichnungen und Kupferstiche, sie mögen gebunden oder ungebunden seyn, zur Bibliothek gerechnet.

§ 100：Kupferstiche hingegen, die in Rahmen gefaßt sind, gehören nicht zur Bibliothek.

§ 101：Zu einzelnen Thieren gehören bloß die zu ihrer Bewahrung nöthigen Geräthschaften nicht aber, was sonst zum Gebrauch oder zur Auszierung derselben bestimmt ist.

§ 102：Zum Schmuck und Geschmeide gehören auch die bloß zu ihrer Verwahrung bestimmten Futterale.

§ 103：Der Inbegriff der zu einer Sache gehörenden beweglichen Pertinenzstücke wird das Inventarium derselben genannt.

§ 104：Inventarium überhaupt ist das Verzeichniß aller zu einem Inbegriff gehörigen Stücke.

§ 105：Pertinenzstücke nehmen, so lange sie bey der Hauptsache sind, an allen Rechten derselben Theil.

§ 106：Sie verlieren diese Eigenschaft nicht, wenn sie gleich einer vorübergehenden Ursach wegen auf eine Zeit lang von der Hauptsache getrennt worden.

§ 107：Mit der Hauptsache gehet das Recht auf die Pertinenzstücke, auch auf solche, die nur für einige Zeit von der Sache getrennt worden, auf den neuen Besitzer über.

§ 108：Was sonst, seiner Natur nach, ein Pertinenzstück ist, hat diese Eigenschaft nicht, so bald es einem andern, als dem Eigenthümer der Hauptsache gehört.

§ 109：Unter dem Nutzen einer Sache wird aller Gebrauch verstanden, welchen jemand von derselben zu machen berechtigt ist.

§ 110：Nutzungen heißen die Vortheile, welche eine Sache ihrem Inhaber, unbeschadet ihrer Substanz, gewähren kann.

§ 111：Der Nutzen, welchen eine Sache ihrem Besitzer leisten kann, bestimmt den Werth derselben.

§ 112：Der Nutzen, welchen die Sache einem jeden Besitzer gewähren kann, ist ihr gemeiner Werth.

§ 113：Annehmlichkeiten oder Bequemlichkeiten, welche einem jeden Besitzer schätzbar sind, und deswegen gewöhnlich in Anschlag kommen, werden dem gemeinen Werth beygerechnet.

§ 114：Der außerordentliche Werth einer Sache erwächst aus der Berechnung des Nutzens, welchen dieselbe nur unter gewissen Bestimmungen oder Verhältnissen leisten kann.

§ 115：Der Werth der besondern Vorliebe entsteht aus bloß zufälligen Eigenschaften oder Verhältnissen einer Sache, die derselben in der Meinung ihres Besitzers einen Vorzug vor allen andern Sachen gleicher Art beylegen.

§ 116：In allen Fällen, wo nicht die Gesetze ein Anderes ausdrücklich vorschreiben, wird der Werth einer Sache bey entstehendem Streit durch die Abschätzung vereydeter Sachverständiger bestimmt.

§ 117：Bey dergleichen Abschätzungen wird in der Regel nur auf dem gemeinen Werth der Sache Rücksicht genommen.

§ 118：Der außerordentliche Werth, so wie der Werth der besondern Vorliebe, werden nur in Fällen, wo es die Gesetze ausdrücklich billigen, in Anschlag gebracht.

§ 119 : Sachen, deren Werth durch kein Verhältniß mit andern im Verkehr befindlichen Sachen bestimmt werden kann, heißen unschätzbar.

§ 120 : Sachen, welche ohne ihre Zerstörung oder gänzlichen Verlust den gewöhnlichen Nutzen nicht gewähren können, werden verbrauchbar genannt.

§ 121 : Wenn verbrauchbare Sachen jemanden zum Verbrauch vergönnt worden, so geschieht die Wiedererstattung in Sachen von gleicher Gattung und Güte.

§ 122 : Persönliche Rechte und Verbindlichkeiten heißen diejenigen, wozu nur gewisse Personen, ohne Rücksicht auf den Besitz einer Sache, befugt, oder verpflichtet sind.

§ 123 : Ein persönliches Recht enthält die Befugniß, von dem Verpflichteten zu fordern, daß er etwas geben, leisten, verstatten, oder unterlassen solle.

§ 124 : In so fern dergleichen persönliches Recht das Geben, oder die Gewährung einer bestimmten Sache, zum Gegenstande hat, wird es ein Recht zur Sache genannt.

§ 125 : Ein Recht ist dinglich, wenn die Befugniß zur Ausübung desselben mit einer Sache, ohne Rücksicht auf eine gewisse Person, verbunden ist.

§ 126 : Auch solche Rechte heißen dinglich, deren Gegenstand eine Sache ist, ohne Rücksicht auf die Person, bey welcher diese Sache sich befindet.

§ 127 : Dergleichen Rechte, die ihrem Gegenstande nach dinglich sind, heißen Rechte auf die Sache.

§ 128 : Rechte, welche in Beziehung auf das Subjekt, dem sie zukommen, dinglich sind, können in Rücksicht auf ihren Gegenstand bloß persönlich, oder zugleich Rechte auf die Sache seyn.

§ 129 : Eben so können Rechte, die in Ansehung ihres Gegenstandes dinglich sind, in Ansehung des Subjekts, welchem sie zukommen, zu den bloß persönlichen, oder auch zu den dinglichen Rechten gehören.

§ 130 : Wenn die Gesetze von dinglichen Rechten ohne weitern Beysatz reden, so werden darunter solche, die in Ansehung ihres Gegenstandes dinglich, oder Rechte auf die Sache sind, verstanden.

§ 131 : Die Handlung oder Begebenheit, wodurch jemand ein Recht auf eine Sache erlangt, heißt die Erwerbungsart.

§ 132 : Der gesetzliche Grund, vermöge dessen diese Handlung oder Begebenheit die Kraft hat, daß dadurch das Recht erworben werden kann, wird der Titel genannt.

§ 133 : Die Erwerbung eines Rechts auf fremde Sachen setzt bey dem Erwerbenden ein vorhergehendes Recht zur Sache voraus.

§ 134 : Dieses persönliche Recht, aus welchem durch die hinzukommende Erwerbungsart ein Recht auf die Sache entsteht, heißt der Titel dieses dinglichen Rechts.

§ 135 : Wenn demjenigen, der ein persönliches Recht zu einer Sache hat, der Besitz derselben auf den Grund dieses Rechts eingeräumt wird, so entsteht dadurch ein dingliches Recht auf die Sache.

§ 136 : Rechte, welche mit dem Besitz der Sache, die ihren Gegenstand ausmacht, nicht verbunden sind, haben die Eigenschaft eines dinglichen Rechts nur alsdann, wenn ihnen dieselbe durch ein besonderes Gesetz beygelegt ist.

§ 137 : Dingliche Rechte auf die Sache können von dem Berechtigten gegen jeden, in dessen Gewahrsam, Besitz oder Eigenthum die Sache kommt, so lange das Recht selbst dauert, ausgeübt werden.

§ 138 : Nur bey beweglichen Sachen können Veränderungen in der Person des Besitzers der verpflichteten Sache unter den in den Gesetzen näher bestimmten Umständen das Recht auf die Sache verändern.

§ 139 : Auch Veränderungen in der Person des Berechtigten wirken nur dann eine Veränderung in dem dinglichen Rechte, wenn dadurch das Recht zur Sache verändert oder aufgehoben wird.

§ 140 : Wenn ein dingliches Recht auf die Sache bloß zur Verstärkung eines persönlichen Rechts bestellt worden, so geht mit der Erlöschung des letztern auch das erstere verloren.

§ 141 : Dagegen kann ein solches dingliches Recht aufgehoben werden, ohne daß deswegen das persönliche Recht erlöscht.

7 § 70 : Wenn aber der bisherige Besitzer seinen Willen, dem bisherigen Inhaber die Rechte des Besitzes einzuräumen, auf eine rechtsbeständige Weise erklärt ; so ist diese Erklärung als eine neue Uebergabe anzusehn.

§ 71 : Auch alsdann ist die Uebergabe des Besitzes für vollzogen zu achten, wenn der bisherige Besitzer seinen Willen, die Sache nunmehr für einen andern in seiner Gewahrsam zu halten, rechtsgültig erklärt hat.

§ 72 : Daher ist die Erklärung des bisherigen Eigenthümers, daß er sich von seiner Sache nur den Nießbrauch vorbehalte, zur Einräumung des Besitzes an denjenigen, zu dessen Besten die Erklärung geschieht, hinreichend.

§ 73 : Miethet oder pachtet der bisherige Eigenthümer eines Grundstücks dasselbe von einem andern, so vertritt dieser Vertrag zugleich die Stelle der Einräumung des vollständigen Besitzes.

9 § 1 : Die äußeren Handlungen, durch welche das Eigenthum erworben wird, bestimmen die verschiedenen Eerwerbungsarten.

§ 2 : Der gesetzliche Grund, vermöge dessen diese äußeren Handlungen die Kraft haben, daß dadurch das Eigenthum erworben werden kann, wird der Titel des Eigenthums genannt.

§ 3 : Zur Erwerbung des Eigenthums wird die Besitznehmung erfordert.

§ 4 : Hiervon sind allein die Fälle ausgenommen, wo die Erwerbung des Eigenthums schon mit einer gewissen Begebenheit oder Willensäußerung allein ausdrücklich verbinden.

§ 5 : Wenn zur Erwerbung des Eigenthums, außer dem Titel, nur Besitznehmung erfordert wird, so ist eine unmittelbare Erwerbsart vorhanden.

§ 6 : Geht aber das Eigenthum erst durch die Erledigung des Besitzes von Seiten des neuen Eigenthümers über ; so heißt die Erwerbsart mittelbar.

10 § 1 : Die mittelbare Erwerbung des Eigenthums einer Sache erfordert, außer dem dazu nothigen Titel, auch die wirkliche Uebergabe derselben.

§ 2 : Der Titel zur mittelbaren Erwerbung des Eigenthums kann durch Willenserklärungen, Gesetze, und rechtliches Erkenntniß begründet werden.

§ 3 : Auch der mit einem solchen Titel versehene neue Besitzer erlangt das Eigenthum der Sache durch die Uebergabe, der Regel nach nur alsdann, wenn der vorige, von welchem der Besitz auf ihn erledigt worden, selbst Eigenthümer gewesen ist.

§ 4 : Wird der Besitz des vorigen Eigentümers, ohne dessen Einwilligung, durch den Richter für erledigt erklärt, so muß auch die Uebergabe an den neuen Eigenthümer durch den Richter geschehen.

§ 5 : Außer diesem Falle wird die gerichtliche Uebergabe zur Erlangung des Eigenthums niemals erfordert.

§ 6 : Wer jedoch über ein Grundstück vor Gerichte Verfügungen treffen will, der muß sein darauf erlangtes Eigentumsrecht dem Richter der Sache nachweisen, und dasselbe in dem Hypothekenbuche vermerken lassen.

§ 7 : Der im Hypothekenbuche eingetragne Besitzer wird, in allen mit einem Dritten über das Grundstück geschloßnen Verhandlungen, als der Eigenthümer desselben angesehen.

§ 8 : Wer mit einem solchen eingetragnen Besitzer dergleichen Verhandlungen sich einläßt, dessen Befugnisse kann so wenig der nicht eingetragne Eigenthümer, als der, dessen Recht nur von diesem sich herschreibt, anfechten.

§ 9 : Vielmehr bleiben dem nicht eingetragnen Eigenthümer, wegen des ihm daraus entstehenden Nachtheils, seine Rechte zur Schadloshaltung nur gegen den eingetragnen Besitzer, nach gesetzlichen Bestimmungen, vorbehalten.

§ 10 : Weiß aber derjenige, welcher mit dem eingetragenen Besitzer über das Grundstück Verhandlungen schließt, daß derselbe nicht wahrer Eigenthümer sey, so kann er dadurch, zum Nachtheile des letztern, kein Recht erwerben.

§ 11 : Ein gleiches findet statt, wenn das Recht des eingetragnen Besitzers zweifelhaft oder streitig ist, und diese Zweifel im Hypothekenbuche vermerkt sind.

§ 12 : Um die Ungewißheit des Eigenthums der Grundstücke, und die daraus entstehenden Prozesse zu verhüten, ist jeder neue Erwerber schuldig, sein Besitzrecht in das Hypothekenbuch eintragen zu lassen.

§ 13 : Er kann und muß dazu von dem Richter, unter welchem die Sache gelegen ist, von Amtswegen angehalten werden.

§ 14 : Innerhalb welcher Fristen dieses geschehen, und durch was für Mittel der säumige Besitzer dazu angehalten werden müsse, ist in der Hypothekenordnung bestimmt.

§ 15 : Alle Willenserklärungen und Verträge, wodurch über das Eigenthum eines Grundstückes etwas verfügt wird, müssen gerichtlich, oder von einem Justizcommissario aufgenommen werden.

§ 16 : Auf den Grund eines bloßen Privat- wenn auch schriftlichen Vertrags, findet die Eintragung des Besitztitels in das Hypothekenbuch nicht statt.

§ 17 : Doch hat ein solcher Vertrag die Wirkung einer Punctation, und es kann also daraus auch auf die Errichtung eines förmlichen gerichtlichen Instruments geklagt werden.

§ 18 : Wenn verschiedne Personen einen an sich rechtsgültigen Titel zur Erwerbung des Eigenthums einer unbeweglichen Sache erhalten haben, so geht derjenige, dessen Titel von dem im Hypothekenbuche eingetragnen Eigenthümer herrührt, den übrigen

に占有している場合には、ius ad rem と Gewere は概念としてきわめて接近する。

⑵ 物権の無限定

　他方で、占有を有しない ius ad rem が存在する場合には、第三者がその ius ad rem の存在を認識しづらいことが多いであろう。そうすると、善意の第三者に ius ad rem の存在を主張することはほとんどできないため、占有を有しない ius ad rem の存在意義が問題となる。いずれにしても、絶対効をもつ権利が次第に多く認められるようになると、物権の種類を限定しようとする傾向とは明らかに矛盾することになる[97]。

---

vor.

　§ 19：Haben die Prätendenten insgesammt ihren Titel von diesem eingetragnen Eigenthümer, so gebührt demjenigen, der seinen Titel zuerst in das Hypothekenbuch hat eintragen lassen, der Vorzug.

　§ 20：Hat noch keiner unter ihnen die Eintragung erhalten, so kann derjenige, dessen Titel zuerst entstanden ist, dieselbe vorzüglich fordern.

　§ 21：Bey beweglichen Sachen hat unter mehrern, welche auf das Eigenthum aus einem an sich rechtsgültigen Titel Anspruch machen, derjenige, dessen Titel von dem bisherigen wahren Eigenthümer herrührt, der Regel nach, den Vorzug.

　§ 22：Haben die Prätendenten insgesammt ihren Titel von einer und eben derselben Person, so entscheidet, auch bey beweglichen Sachen, der Zeitpunkt der frühern Entstehung dieses Titels.

　§ 23：Ist aber einem unter diesen mehrern Prätendenten der Besitz der Sache eingeräumt worden, so schließt dieser die Eigenthumsansprüche der übrigen aus, ohne Rücksicht auf die Zeit, wenn dieselben entstanden sind.

　§ 24：Wer es weiß, daß derjenige, von welchem sein Titel sich herschreibt, nicht wahrer Eigenthümer sey, der kann weder durch Eintragung, noch durch Uebergabe, ein Eigenthumsrecht erlangen.

　§ 25：Auch der, welcher zur Zeit der Eintragung oder Uebergabe den früher entstandnen Titel eines Andern weiß, kann zum Nachtheile desselben die früher erhaltene Eintragung oder Uebergabe nicht vorschützen.

97）ius ad rem と Gewere の関係について、*Dernburg*, a.a.O. 43, S. 419 ff. を参照。

5 　公示制度

⑴ 　処分行為との関係

　もっとも、目的物を処分する場合において、ローマ法のような方式自由の処分方法は、もはや限界に達していた。そこで、公示制度を確立することが求められるようになる。たしかに、公示制度については、公示は物権の帰属状態を表すにすぎないとされるべきか[98]、あるいは、権利の移転にあたって

98）ALR における質権と占有の関係についての条文として、ALR I 20 § 243 以下、および、21 § 1 以下がある。

ALR I 20 § 243：Außer den allgemeinen Arten der Aufhebung der Rechte und Verbindlichkeiten überhaupt, und der Pfandrechte insonderheit können letztere auch durch Verjährung verloren gehen.

　§ 244：Der Gläubiger verliert sein Pfandrecht, wenn er den Besitz des Pfandes verloren, und sein Recht zur Rückforderung desselben innerhalb der gesetzmäßigen Frist nicht ausgeübt hat.

　§ 245：Diese Verjährung durch Nichtgebrauch steht dem Gläubiger auch in Ansehung des Schuldners selbst, und seiner Erben, mit der im Neunten Titel §§ 568-569 bestimmten Wirkung entgegen.

　§ 246：So lange hingegen das Pfand, als ein solches, sich noch im Besitze des Gläubigers befindet, kann das Pfandrecht desselben durch keine Verjährung verloren gehn.

　§ 247：So lange das Pfandrecht dauert, kann auch keine Verjährung der Schuld zum Besten des Schuldners anfangen.

　§ 248：Dagegen finden in Ansehung der versessenen Zinsentermine, und desjenigen Theils der Schuld, welcher aus dem Pfande nicht bezahlt werden kann, die gewöhnlichen Regeln von der Verjährung statt.

　§ 249：Wenn auch der Eigenthümer der Sache durch Verjährung geändert wird: so hat doch diese Veränderung auf das Pfandrecht des Pfandgläubigers keinen Einfluß.

　§ 250：Der Pfandgläubiger selbst kann eine Verjährung zum Erwerbe des Eigenthums des Pfandes niemals anfangen.

　§ 251：Wohl aber kann dieses von seinen Erben geschehen, wenn die übrigen Erfordernisse der Verjährung bey ihnen vorhanden sind.

　§ 252：Eine solche Verjährung nimmt mit dem Tage des Erbanfalls ihren Anfang.

　§ 253：Wer sich des Besitzes der verpfändeten Sache freywillig und ohne Vorbehalt entschlägt, der verliert sein Pfandrecht.

　§ 254：Auch ein Vorbehalt, mit welchem das Pfand dem Schuldner, oder einem Andern ausgeantwortet wird, kommt dem Gläubiger nur gegen den Empfänger, nicht aber gegen einen Dritten, zu statten.

　§ 255：Daraus, daß der Gläubiger den ihm eingeräumten Besitz eines unbeweglichen Pfandes wieder aufgegeben hat, folgt noch nicht der Verlust seines im Hypothekenbuche eingetragnen dinglichen Rechts.

§ 256 : Wer den Besitz eines Pfandes gegen den Schuldner, oder den vindicirenden Eigenthümer vorsetzlich läugnet, wird seines Pfandrechts zur Strafe verlustig.

§ 257 : Wie weit durch den Untergang eines unbeweglichen Pfandes das Pfandrecht selbst verloren gehe, ist nach den vom Verluste der Rechte durch Untergang überhaupt vorgeschriebenen Grundsätzen zu beurtheilen.

§ 258 : In wie fern der Pfandinhaber eines in Verfall gerathenen Gebäudes, bey verweigerter Wiederherstellung desselben, seines Pfandrechts verlustig werde, ist im Titel vom Eigenthume näher bestimmt.

§ 259 : Durch den gänzlichen Untergang eines beweglichen Pfandes hört das Pfandrecht des Gläubigers auf, und eine von dem Schuldner statt der verlornen angeschaffte neue Sache von derselben Art tritt in so weit nicht an die Stelle der vorigen.

§ 260 : Doch kann der Gläubiger, dessen Pfand ohne seine Schuld verloren gegangen ist, von dem Schuldner Zahlung, oder Bestellung einer andern Sicherheit fordern.

§ 261 : Ist das bewegliche Pfand nicht ganz verloren gegangen: sondern nur vermindert, oder in eine Sache von andrer Art verändert worden: so wird das Pfandrecht auch auf dem Ueberreste, oder auf der veränderten Sache.

§ 262 : Wird die von dem Pfandgläubiger seiner Befriedigung halber vorgenommene Veräußerung rückgängig: und gelangt das Pfand wiederum in seinen Besitz: so tritt auch das Pfandrecht wieder in seine Wirksamkeit.

21 § 1 : Das Recht ein fremdes Eigenthum zu gebrauchen, oder Früchte und Nutzungen daraus zu ziehen, kann durch Willenserklärungen, unmittelbar durch Gesetze, oder auch durch Verjährung begründet werden.

§ 2 : So weit der Berechtigte sich im wirklichen Besitze der zu gebrauchenden oder zu nutzenden Sache befindet, hat seine Befugniß die Eigenschaft eines dinglichen Rechts.

§ 3 : Die Verpflichtung, ihm die Ausübung des dinglichen Rechts zu gestatten, geht also auf jeden neuen Eigenthümer der belasteten Sache, welcher sein Recht von dem Besteller des Gebrauchs- oder Nutzungsrechts herleitet, mit über.

§ 4 : Bey Grundstücken und Gerechtigkeiten, hat die Eintragung des Rechts in das Hypothekenbuch, die Wirkungen des körperlichen Besitzes der Sache.

§ 5 : Nutzungsrechte, die weder mit dem Besitze der Sache verbunden, noch im Hypothekenbuche eingetragen sind können in der Regel nur so lange ausgeübt werden, als die belastete Sache sich in den Händen desjenigen, der dem Berechtigten persönlich verpflichtet war, oder seiner Erben befindet.

§ 6 : Wer jedoch Sachen übernimmt, die vermöge des Gesetzes unmittelbar dem Nutzungsrechte eines Andern unterworfen sind: auf den geht die Verpflichtung gegen den Berechtigten mit über: sobald es dem Uebernehmer bekannt war, oder ohne sein eignes grobes oder mäßiges Versehen nicht unbekannt seyn konnte, daß der bisherige Eigenthümer gegen den Berechtigten in einem solchen persönlichen Verhältnisse, woraus vermöge des Gesetzes ein Nutzungsrecht entspringt, sich befinde.

§ 7 : Die aus der Verjährung entstehenden Nutzungsrechte können nur mittelst der Verjährung durch Besitz erworben werden: und haben alsdann allemal die Eigenschaft eines dinglichen Rechts.

§ 8 : Bey den durch Verträge erworbenen Gebrauchs- und Nutzungsrechten, wird im zweifelhaften Falle vermuthet, daß der Eigenthümer außer dem, was die Natur des Geschäfts mit sich bringt, nicht mehr von seinem Rechte habe abtreten wollen, als in dem Vertrage deutlich ausgedrückt worden.

§ 9 : Ferner ist im zweifelhaften Falle anzunehmen, daß der Eigenthümer das Gebrauchs- oder Nutzungsrecht nur gegen eine verhältnißmäßige Vergütung gestattet habe.

§ 10 : Ist also das Nutzungsrecht durch einen lästigen Vertrag bestellt: so muß im zweifelhaften Falle darauf gesehen werden, daß der Berechtigte einen Genuß erhalte, welcher mit dem, was er dafür gegeben, oder geleistet hat, in billigem Verhältnisse stehe.

§ 11 : Wer den Gebrauch oder die Nutzung einer Sache hat, muß diejenigen Kosten und Lasten tragen, ohne welche er der daraus zu ziehenden Vortheile nicht genußbar werden kann.

§ 12 : Er muß die Sache während seines Genusses in dem Stande erhalten, in welchem er sie empfangen hat, und sie, nach Endigung seines Rechts, in eben der Beschaffenheit zurückgeben.

§ 13 : Die nach dem natürlichen Laufe der Dinge durch den ordentlichen Gebrauch entstehenden Verringerungen, ist der Berechtigte zu vertreten nicht schuldig.

§ 14 : Auch haftet er nicht für eine solche Verringerung, oder Vernichtung der Sache, die sich ohne sein Verschulden ereignet.

§ 15 : Für welchen Grad des Versehens der Berechtigte haften müsse, ist nach der Natur des Vertrages, aus welchem sein Recht entspringt, und den darüber im Titel von Verträgen ertheilten Vorschriften zu beurtheilen.

§ 16 : Bey Nutzungsrechten aus letztwilligen Verordnungen, oder unmittelbar aus dem Gesetze, haftet der Berechtigte in der Regel für ein mäßiges Versehen.

§ 17 : Ist jemanden der Genuß eines Inbegriffs von Sachen eingeräumt worden: so muß er auch die durch Natur oder Zufall abgegangenen Stücke aus den Nutzungen des Inbegriffs selbst, so weit es daraus geschehen kann, wieder ergänzen.

§ 18 : In wie fern diese Ergänzung auch anderwärts her, als aus den Nutzungen des Inbegriffs erfolgen müsse, ist nach den verschiedenen Arten der Nutzungsrechte, und der zur Nutzung eingeräumten Sachen, in den Gesetzen besonders bestimmt.

§ 19 : Eine nicht ausdrücklich vorbedungene Caution ist der Eigenthümer, in der Regel, von dem Nutzungsberechtigten zu fordern nicht befugt.

§ 20 : Sobald aber wahrscheinliche Besorgnisse eines Mißbrauchs oder einer Vernachläßigung eintreten, kann der Berechtigte durch den Richter angehalten werden, den Eigenthümer gegen die bevorstehende Beschädigung oder Verringerung der Substanz hinlänglich sicher zu stellen.

§ 21 : Ist dem Berechtigten durch die fehlerhafte Beschaffenheit der Sache ein Nachtheil erwachsen: so haftet der Eigenthümer dafür in so fern, als er bey Abschließung des Vertrages, oder sonst, ein nach den Gesetzen ihm zuzurechnendes Versehen begangen hat.

強制されるべきか[99]、といった観点から検討されることもある。しかし、こ
こでの、自然法との関係で着目すべきなのは、処分行為との関係性である。
すなわち、公示が当事者間においても効力要件とされるべきか、それとも、
第三者間における対抗要件にすぎないとされるべきか、である[100]。

(2)　公示の対象

　公示が物権変動においてどのような役割を担うかは、それぞれの立法例あ
るいは解釈論に応じて、大きく異なる。そもそも、なにを公示と認めるかさ
え、さまざまな可能性がありうる。たとえば、登記や登録はもちろん、引渡
しだけではなく、裁判所などの公的機関による認証や、地域住民による確認
なども、公示に含めることも考えられる。また、対象となる物権変動の内容
や目的物に応じて、異なる公示方法をそれぞれ採用することも検討の対象と
なるだろう。

　とはいえ、商品取引量が増大し、当事者間の物理的な距離も広がってくる
と、目的物が土地であったとしても、その土地の地域住民による確認だけで
は公示の役割を担うことができなくなるのは、明らかである。さらに、登記
制度が公示方法として優れているとしても、その対象目的物を土地のみなら
ず動産まで広げるとするのは、現実的ではなかった[101]。

　むしろ、当初は、土地の権利を処分する際ですら、登記ではなく引渡しが
効力要件とされていた。目的物が動産であっても土地であっても、同じく引
渡しを物権変動の要件とすることは、ローマ法における traditio と同じ特徴
をみることができる。処分行為がなされたことが確認され、かつ、その処分

---

99)　ALR における抵当権と抵当権登記簿に関する条文として、ALR I 10 § 6 以下があ
　　る。

100)　この点については、*Justus Wilhelm Hedemann*, Die Fortschritte des Zivilrechts XIX.
　　Jahrhundert. Ein Überblick über die Entfaltung des Privatrechts in Deutschland,
　　Österreich und der Schweiz Zweiter Teil: Die Entwicklung des Bodenrechts von der
　　französischen Revolution bis zur Gegenwart, 2. Hälfte: Die Entwicklung des formellen
　　Bodenrechts mit einem Anhang: Bodenrecht und neue Zeit, Berlin 1935, 217 f. などを参
　　照。

101)　プロイセンやバイエルンにおける土地登記制度について、*Hedemann*, a.a.O. 100, S.
　　228 ff. を参照。

行為の存在が引き続き公示されるようにするために、登記制度が採用される
ようになるには、ローマ法からの脱却が必要となる[102]。

(3)　公示の効力

　その後、次第に登記が効力要件として認められるようにはなったが、それ
はあくまで引渡しの代わりの役割としてのみ、理解されていた。また、当事
者間においては、登記がなされなくても処分行為が有効とされ、第三者との
関係においてのみ、登記が求められることもあった。ここでは、登記は効力
要件ではなく、第三者の信頼保護あるいは取引安全に資するのみの制度と解
される。したがって、当事者間における引渡しによる所有権の承継取得と、
登記を信頼した第三者による所有権の善意取得との関係をどのように理解す
るか、という問題が生じてくる[103]。

　このように、ローマ法からの脱却という観点からも、物権変動における公
示の必要性が認識されるようにはなったが、はじめに公示の対象とされたの
は、担保権であった。ここで検討されたのが、ゲルマン法における Gewere
である。とくに、動産を目的物とした担保物権については、占有や引渡しが
公示手段とされた。そして、非占有担保権である抵当権については、登記制
度が整備された。この抵当権のための登記が、その対象を所有権にも次第に
広げていくというかたちで、土地登記制度が形成されていったのである[104]。

102）プロイセン法は、土地所有権を譲渡するための要件として、登記ではなく引渡しを定
　めていた（ALR I 10 § 1 以下）。この点につき、*Achilles*, a.a.O. 80, S. 17 も参照。
103）この点については、*Romeo Maurenbrecher*, Lehrbuch des heutigen gemeinen
　deutschen Rechts, Bonn 1834, S. 250 ff.; *Stephan Buchholz*, Die Quellen des deutschen
　Immobiliarrechts im 19. Jahrhundert, ius commune Ⅶ（1978）, S. 250 ff. などを参照。
104）プロイセンにおける抵当権制度について、詳しくは、*Dernburg*, a.a.O. 43, S. 778 ff. を
　参照。なお、ALR における担保権の公示に関する条文として、ALR I 20 § 1 以下があ
　る。
　ALR I 20 § 1：Das dingliche Recht, welches jemanden auf eine fremde Sache zur Sicherheit
　seiner Forderung eingeräumt worden, und vermöge dessen er seine Befriedigung, selbst aus
　der Substanz dieser Sache verlangen kann, wird ein Unterpfandsrecht genannt.
　§ 2：Das Recht, die Bestellung einer solchen Sicherheit zu fordern, kann durch
　Willenserklärungen und Gesetze begründet werden.
　§ 3：Welchen Forderungen die Gesetze unmittelbar das Recht beylegen, daß der

そして、公示の必要性が高まるにつれて、公示に対する信頼の保護や、取引の安全を求める声も高まっていった。このことは、取引原因と物権変動の関係を遮断する考え方へとつながる。すなわち、物権行為の独自性と無因性の承認である。このような特徴をもつ物権行為概念は、ドイツ現行法において、土地所有権を譲渡するための要件である Auflassung や、被担保債権との関係を有しない土地債務（BGB 1191 条）にも影響を与えている[105]。

Gläubiger auch ohne besondre Einwilligung des Schuldners, auf die Bestellung eines Unterpfandrechts dafür antragen könne, ist bey den verschiednen Geschäften, woraus diese Forderungen entstehn, im Gesetzbuche bestimmt.

§ 4：Auch außerdem kann der Gläubiger in allen Fällen, wo er Cautionsleistung für sein Recht von dem Schuldner zu fordern befugt ist, auf die Bestellung eines wirklichen Unterpfandsrechts, selbst wider den Willen des Schuldners, bey dem Richter antragen.

§ 5：Wie im Wege der Execution ein Pfandrecht entstehe, bestimmt die Prozeßordnung.

§ 6：Der vorstehendermaaßen entstandene Titel zum Pfandrechte, giebt für sich allein noch kein wirkliches dingliches Recht auf eine gewisse bestimmte Sache: sondern es muß, um dieses zu erlangen, annoch die gesetzmäßige Erwerbungsart hinzukommen.

§ 7：Geschieht die Einräumung dieses dinglichen Rechts durch Uebergabe der Sache: so ist ein Pfandrecht im engern Sinne vorhanden.

§ 8：Geschieht dieselbe durch gerichtliche Eintragung auf Grundstücke, und solche Gerechtigkeiten, welche die Gesetze den unbeweglichen Sachen gleich achten: so hat der Gläubiger das Recht einer Hypothek.

§ 9：So lange weder Uebergabe noch Eintragung erfolgt ist, kann zwar der Gläubiger die seiner Forderung im Gesetze beygelegten Vorrechte, auf das Vermögen des Schuldners, und die darin befindlichen Sachen ausüben.

§ 10：Er kann aber dieselben auf Sachen, die rechtsgültiger Weise aus dem Vermögen des Schuldners herausgegangen sind, gegen einen Dritten Besitzer derselben nicht verfolgen.

105) この点については、*Achilles*, a.a.O. 80, S. 14 ff. を参照。なお、Auflassung は、土地所有権を譲渡するために必要とされる特別な物権行為である（BGB 925 条 1 項 1 文・925a 条・311b 条 1 項 1 文）。また、土地債務は、抵当権とは異なり、付従性を有しない非占有担保権であることから、債権者にとって利用しやすい。

BGB § 1191 (1)：Ein Grundstück kann in der Weise belastet werden, dass an denjenigen, zu dessen Gunsten die Belastung erfolgt, eine bestimmte Geldsumme aus dem Grundstück zu zahlen ist（Grundschuld）.

(2)：Die Belastung kann auch in der Weise erfolgen, dass Zinsen von der Geldsumme sowie andere Nebenleistungen aus dem Grundstück zu entrichten sind.

ドイツ民法典第 1191 条第 1 項：土地は、土地債務の目的とすることができる。土地債務権者は、土地から一定額の金銭の支払を受けることができる（土地債務）。

⑷ 登記と引渡し

　もっとも、動産が目的物である場合には、登記をすることは現実的ではなかった。引渡しを含む占有移転が、動産物権変動の要件とされる。しかし、登記と引渡しとでは、公示力に質的な違いがある。とくに、直接の引渡し以外の方法も占有移転として認めるとすれば、登記との公示力の差は歴然である。とはいえ、占有が、債権的な動産利用権の物権化に資する役割を担っていたこともまた、事実であった[106]。

⑸ 公示の内容

　以上の分析をふまえると、公示、とくに登記との関係で重要な対象はやはり不動産であって、ドイツ法においては土地ということになる。それでは、登記の対象となりうる権利が抵当権から所有権へと拡大される中で、登記制度の整備は物権法定主義にどのような影響を与えたのか。また、処分行為の存在は登記との関係でどのような意義をもっていたのか。

　登記制度が整備されるにつれて、登記内容を質的にも量的にも高めることができるようになるため、登記の対象となる権利を広げることに役立ち、それにともない、物権として認められる権利を拡大することも可能となる。というのは、ある権利が登記されることにより、当該権利の公示性が高まり、第三者に対してもその権利を主張することができるとする根拠が、より明らかになるからである。したがって、登記制度の発展は、物権法定主義とも密接な関係性がある[107]。

　また、登記された権利の正当性を確実にするためにも、当該権利の発生の根拠となった取引原因を確認することも重要である。すなわち、義務負担行

　第2項：前項の権利は、金銭の利息その他の付随的給付について土地から支払を受けるためにも、これを設定することができる。

106）この点につき、たとえば、*Kern, a.a.O.* 27, S. 101 を参照。

107）プロイセン法においては、ius ad rem が登記されることによって物権化が可能とされた。また、取引原因の証書そのものが登録されたり、その内容が登録されたりすることで、その取引に基づく権利がより詳しく公示されるようになれば、第三者は当該権利の内容をより詳細に把握できるようになり、取引安全にも資することになる。この点につき、*Dernburg, a.a.O.* 43, S. 418 を参照。

為の確認である。しかし、ドイツ法における登記制度は、取引原因の証書を
そのまま公示するのではなく、その取引の結果を記録する制度として発展し
ていった。さらに、概念の分析手法として、それぞれの概念の関係をひとま
ず遮断して検討する傾向があったことから、処分行為と義務負担行為の関係
性も遮断された。このため、処分行為の無因性と登記制度の発展は、有機的
な関係性を有していたと考えられる[108]。

　したがって、この自然法の時代にローマ法からの一定程度の転換が行われ
た、と評価することができる。とくに物権法の領域において、公示制度の需
要と整備が、それまでのローマ法由来の物権法制度に修正を迫ったといえよ
う。もともと、ドイツ法は、Gewere 概念を有していたゲルマン法をもその淵
源にもつのであるから、権利を対外的に公示することにはそれほど抵抗はな
かった、と考えられる[109]。

　このような公示制度の発展に伴い、債権の物権化あるいは相対効から絶対
効への変化といった、権利内容の強化は、その権利が公示されているかどう
かに関係してくる。すなわち、物権または絶対効のある権利をはじめから法
定しておくというよりも、公示された権利には絶対効を付与して物権化を認
める、という方法である。ここで、公示されていない権利に着目すると、ロー
マ法に由来する権利と、一部の地域で認められている権利とが、混在するこ
とになる。とくに後者の場合には、1つの目的物について複数の権利が重層
的かつ複雑に成立することがありうる。このことを解消するために、権利の
種類を限定する思想、つまり、物権法定主義が検討されることになったので
ある[110]。

---

108) この点については、*Stephan Buchholz*, Abstraktionsprinzip und Immobiliarrecht.
　　Zur Geschichte der Auflassung und der Grundschuld, Frankfurt am Main 1978, 207 ff.
　　を参照。

109) とはいえ、従来の Gewere と普通法上の占有制度の間に違いがあったのも事実であ
　　る。また、各都市においてすでに存在していた、土地の権利に関する記録簿が、土地登
　　記制度の発展に大きく寄与していたといえるけれども、実際には、土地の支配階級の衰
　　退とも関連していたことにも留意すべきである。この点につき、たとえば、*Carl Jo-*
　　seph Anton Mittermaier, Ueber die Fortschritte der Gesetzgebung über Hypotheken,
　　und über die Forderungen, welche an die Gesetzgebung in dieser Beziehung gestellt
　　werden können, AcP 18, 149 ff., 1835 を参照。

6 啓蒙思想

　そして、物権に関する法制度がさらに整備されるにあたって大きな影響を
与えたのが、啓蒙思想であった。その特色は、人的関係と物的関係の切断に
あった。すなわち、多層化していた土地所有権を解体し、所有権を自由で絶
対的な権利として認めることに、その目的の１つがあった。このため、上級
所有権に基づく土地への負担を免除したり、あるいは、上級所有権を利息請
求権としたりすることによって、下級所有権を有する者の権利を相対的に高
めようとした。完全に自由な土地所有権の確立には至らなかったとはいえ、
土地所有権に対する負担が軽減され、土地所有権を取得するにあたっての制
限ができる限り緩和されたことは、きわめて重要であった[111]。

7 制限物権

(1) 非占有担保権

　土地所有権との関連において、人的関係と物的関係が切断されることに
よって、土地所有権と制限物権の区別をより明確にすることができるように
なる。そうすると、各種物権の帰属状態をどのようにわかりやすく公示する
ことができるか、という点に関心が移る。

　この点において、まず重要なのが、非占有担保権である。所有権や土地の
利用権とは異なり、抵当権などの非占有担保権は、権利者が対象の土地を占
有しないことにこそ、その意義がある。そして、土地所有者やその土地に関
心をもっている第三者は、その土地に関してだれがどの程度の担保価値を把

---

110) この点については、*Kern*, a.a.O. 27, S. 103 f. を参照。
111) たとえば、1872 年の EEG（プロイセン所有権取得法）は、抵当権を有する債権者と
　　債務者の間で、債権者が弁済を受ける目的で抵当権の対象となっている土地の譲渡権
　　限を取得する、という契約が締結されても、そのような契約を無効としていた。この点
　　につき、*Achilles*, a.a.O. 80, S. 31 ff. を参照。また、*Burkhard Heß*, Dienstbarkeit und
　　Reallast im System dinglicher Nutzungs- und Verwertungsrechte, AcP 198, 489 ff.,
　　1998; *Thomas Finkenauer*, Der Eintragungszwang für Grunddienstbarkeiten -Ein
　　Stein des Anstoßes bei der Schaffung des BGB-, ZNR 23, 220 ff., 2001 も参照。

握しているのかについて、利害関係を有している。このため、非占有担保権の存在を対外的に公示する制度の必要性が生じてくる。さらには、資本主義経済へと移行する中で、土地を資本化して担保化し、金融を得る手法は、一般的なものとなっていった。そこで、登記制度の発展が必然的に求められるようになる[112]。

(2)　担保簿から登記簿へ

このようにして整備されてきた、非占有担保権だけを対象とするいわゆる担保簿は、土地の権利を包括的に把握する登記簿へと発展していくことになる。所有権も登記簿に記載される権利とされた。そして、登記には、権利の公示力だけではなく、創設力までもが期待されるようになる。このことは、登記された権利の存在に対する信頼をより高めることにもなった。そうすると、登記をする際に、取引当事者の意思をより確実に確認する必要性とともに、登記手続の迅速性も考慮されなければならなくなる。これらの点が、物権行為の独自性と無因性や、登記官の形式的審査主義にもつながっていくのである[113]。

以上のように、自然法は、権利の公示を重要視していたため、公示制度の発展の道が開かれたが、同時に、物権と債権の境界は曖昧なものとなった。ここに、啓蒙思想と資本主義が密接に絡み合うことで、所有権の絶対性とともに、登記制度が整備され、物権と債権は再び分化されることになる。そして、手続法である登記法と実体法である民法との有機的結合が実現していくのである。

---

112)　もっとも、土地の公示制度の発展は、非占有担保権だけがその理由ではない。徴税もその重要な目的であった。この点につき、*Heinrich Dernburg*, Das Sachenrecht des Deutschen Reichs und Preußens, 3. Auflage, Halle a. S. 1904, S. 111 ff. を参照。

113)　この点につき、たとえば、*Kroeschell/Cordes/Nehlsen-von Stryk*, a.a.O. 80, S. 70 f.; *Mittermaier*, a.a.O. 109, S. 163 ff.; *ders.*, Ueber die Fortschritte der Gesetzgebung über Hypotheken, und über die Forderungen, welche an die Gesetzgebung in dieser Beziehung gestellt werden können, AcP 18, 431 ff., 1835; *ders.*, Ueber die Fortschritte der Gesetzgebung über Hypotheken, und über die Forderungen, welche an die Gesetzgebung in dieser Beziehung gestellt werden können, AcP 19, 126 ff., 1836 などを参照。

六　BGB

1　物権の種類

(1)　所有権

　BGB は 1896 年に公布され、1900 年に施行された。BGB の成立にあたって
は、歴史法学派によるローマ法の新たな解釈が大きな影響を与えたことは、
広く知られている。所有権の概念が明確に定義され、物権と債権の区別が重
視されたことに、その特徴がある。とくに、物権法の領域に着目すると、ナ
チズムや共産主義といった時代の大きなうねりを経験したにもかかわらず、
その根本的な内容には、現代においても、とくに修正を加えられていない[114]。
　まず、所有権についてみてみよう。BGB における所有権は、物を包括的に
支配する絶対権そのものである（BGB 903 条）[115]。このため、処分権や利用権
といった各権限を合わせた権利の総体として所有権をとらえるのは、正しく
ない。そして、所有権を分解することはできないために、上級所有権や下級
所有権といった所有権の分離も否定される[116]。さらに、所有権は物それぞれ
について認められるのであって、複数の物について包括的な所有権は認めら
れない。したがって、所有権と財産は明確に区別されることになる[117]。

---

114)　*Kern*, a.a.O. 27, S. 111 f. を参照。ナチス時代の法制史については、*Joachim Rückert*,
　　Unrecht durch Recht, Tübingen 2018, S. 3 ff. などを参照。また、その後の展開について
　　は、*ders.*, Abschiede vom Unrecht, Tübingen 2015, S. 3 ff. などを参照。
115)　BGB § 903：Der Eigentümer einer Sache kann, soweit nicht das Gesetz oder Rechte
　　Dritter entgegenstehen, mit der Sache nach Belieben verfahren und andere von jeder
　　Einwirkung ausschließen. Der Eigentümer eines Tieres hat bei der Ausübung seiner
　　Befugnisse die besonderen Vorschriften zum Schutz der Tiere zu beachten.
　　ドイツ民法典第 903 条：物の所有者は、法律または第三者の権利によって制限を受けな
　　い限り、その物を自由に用い、かつ、他人による一切の干渉を排除することができる。
　　動物の所有者は、自己の権能の行使に際して、動物の保護を目的とする特別の規定を遵
　　守しなければならない。

そして、登記が土地所有権譲渡の効力要件とされることによって、相対的な所有権の存在が否定された（BGB 873 条）。日本法のように、所有権移転について意思主義を採用し、登記が対抗要件にすぎないとされると（民法 176 条・177 条）、対抗要件を備えていない所有者が生じうる。この所有権を第三

---

116) 上級所有権と下級所有権の区別との関係で、ここで地上権と住居所有権についてふれておく。ドイツ法においては、建物は底地である土地の構成部分とされるため、建物は原則として独立の所有権の対象とはならない。しかし、これには例外として、ErbbauRG（地上権法）と WEG（住居所有権法）の定めがある。もっとも、地上権は制限物権ととらえることができるし、住居所有権は特別法である WEG によって認められた、建物の一部を対象とした特殊な所有権であるため、土地所有権の二重性を容認したことにはならない。

ErbbauRG § 1 (1)：Ein Grundstück kann in der Weise belastet werden, daß demjenigen, zu dessen Gunsten die Belastung erfolgt, das veräußerliche und vererbliche Recht zusteht, auf oder unter der Oberfläche des Grundstücks ein Bauwerk zu haben（Erbbaurecht）.

(2)：Das Erbbaurecht kann auf einen für das Bauwerk nicht erforderlichen Teil des Grundstücks erstreckt werden, sofern das Bauwerk wirtschaftlich die Hauptsache bleibt.

(3)：Die Beschränkung des Erbbaurechts auf einen Teil eines Gebäudes, insbesondere ein Stockwerk ist unzulässig.

(4)：Das Erbbaurecht kann nicht durch auflösende Bedingungen beschränkt werden. Auf eine Vereinbarung, durch die sich der Erbbauberechtigte verpflichtet, beim Eintreten bestimmter Voraussetzungen das Erbbaurecht aufzugeben und seine Löschung im Grundbuch zu bewilligen, kann sich der Grundstückseigentümer nicht berufen.

WEG § 1 (1)：Nach Maßgabe dieses Gesetzes kann an Wohnungen das Wohnungseigentum, an nicht zu Wohnzwecken dienenden Räumen eines Gebäudes das Teileigentum begründet werden.

(2)：Wohnungseigentum ist das Sondereigentum an einer Wohnung in Verbindung mit dem Miteigentumsanteil an dem gemeinschaftlichen Eigentum, zu dem es gehört.

(3)：Teileigentum ist das Sondereigentum an nicht zu Wohnzwecken dienenden Räumen eines Gebäudes in Verbindung mit dem Miteigentumsanteil an dem gemeinschaftlichen Eigentum, zu dem es gehört.

(4)：Wohnungseigentum und Teileigentum können nicht in der Weise begründet werden, daß das Sondereigentum mit Miteigentum an mehreren Grundstücken verbunden wird.

(5)：Gemeinschaftliches Eigentum im Sinne dieses Gesetzes sind das Grundstück sowie die Teile, Anlagen und Einrichtungen des Gebäudes, die nicht im Sondereigentum oder im Eigentum eines Dritten stehen.

(6)：Für das Teileigentum gelten die Vorschriften über das Wohnungseigentum entsprechend.

者に対して主張することはできない。つまり、相対的な所有権となる。しかし、これでは、所有権の絶対性を根本にすえたドイツ法上の所有権制度を維持することができない。そこで、BGB 成立前の各ラントにおいて、登記を効力要件とする立法がすでになされていたところ、BGB はこの流れを受け継ぐことになった[118]。

(2) 制限物権

このような所有権の絶対性の採用は、制限物権の種類を限定することにも親和的である。物権法部分草案は、物権法定主義に基づきつつ、制限物権の種類を増やさないことに主眼がおかれながら、策定された。この方向性は、物権と債権を異なる分野として位置づけ、とくに物権を独立した権利として把握することとも平仄が合う[119]。

BGB も、物権法部分草案と同じく、物権と債権を峻別しており、物権法定主義を採用しつつ、物権の種類を制限した。BGB における制限物権を確認してみると、土地制限物権は、地役権（BGB 1018 条[120]以下）、用益権（BGB 1030条[121]以下）、制限的人役権（BGB 1090 条[122]以下）、物権的先買権（BGB 1094 条以

---

117) この点につき、*Otto Gierke*, Der Entwurf eines bürgerlichen Gesetzbuches und das deutsche Recht, Leipzig 1889, S. 324; *Eugen Ehrlich*, Das zwingende und nicht-zwingende Recht im Bürgerlichen Gesetzbuch für das Deutsche Reich, Jena 1899, S. 126; *Wiegand*, a.a.O. 86, S. 141 ff.; Motive zu dem Entwurfe eines Bürgerlichen Gesetz-buches für das Deutsche Reich, Band Ⅲ. Sachenrecht, Amtliche Ausgabe, 2. Auflage, Berlin 1896, S. 28 ff. などを参照。また、Protokolle der Kommission für die zweite Lesung des Entwurfs des Bürgerlichen Gesetzbuchs, Band Ⅲ. Sachenrecht, Berlin 1899, S. 1 ff. も参照。
118) EEG はその典型例である。
119) とくに、物権法部分草案の起草者である Reinhold Johow は、プロイセン法において認められていた、占有移転や登記に基づく債権の物権化を、制限しようとしていた。この点につき、*Reinhold Johow*, Entwurf eines bürgerlichen Gesetzbuchs für das Deutsche Reich. Sachenrecht. Begründung. Vorlage des Redaktors Reinhold Johow, Erster Band, Berlin 1880, S. 7 ff. を参照。もっとも、物権と債権をいかに厳格に区別しようと試みたとしても、その中間にあるように思われる権利の存在を完全に否定することはできない。しかし、部分草案においては、物を目的とした諸権利の性質決定を一定の範囲にとどめることとされた。この点については、*Reinhold Johow*, Entwurf eines bürgerlichen Gesetzbuchs für das Deutsche Reich. Sachenrecht. Begründung. Vorlage des Redaktors Reinhold Johow, Zweiter Band, Berlin 1880, S. 1085 ff. を参照。

下）、物的負担（BGB 1105 条[123]以下）、抵当権（BGB 1113 条[124]以下）、土地債務
（BGB 1191 条以下）および定期土地債務（BGB 1199 条[125]以下）のみである。ま
た、動産制限物権は、用益権（BGB 1030 条以下）および質権（BGB 1204 条[126]以
下）のみである。プロイセン法とは異なり、債権の物権化を認めずに、物権の
種類を制限するという方向性は、物権の法的性質をも典型化するのに親和的
であった[127]。

　制限物権は、物権債権峻別論を批判的に検討するにあたって、格好の素材
である。なぜなら、所有権とは異なり、いわば不完全な物権であるため、所

120）BGB § 1018：Ein Grundstück kann zugunsten des jeweiligen Eigentümers eines
　　anderen Grundstücks in der Weise belastet werden, dass dieser das Grundstück in
　　einzelnen Beziehungen benutzen darf oder dass auf dem Grundstück gewisse
　　Handlungen nicht vorgenommen werden dürfen oder dass die Ausübung eines Rechts
　　ausgeschlossen ist, das sich aus dem Eigentum an dem belasteten Grundstück dem
　　anderen Grundstück gegenüber ergibt（Grunddienstbarkeit）.
　　ドイツ民法典第 1018 条：土地は、他の土地の所有者のために地役権の目的とすること
　　ができる。地役権者は、個別的な関係において承役地を利用し、承役地で一定の行為が
　　されることを禁止し、または承役地を目的とする所有権に基づいて他の土地に対して
　　生ずる権利の行使を除外することができる（土地地役権）。
121）BGB § 1030（1）：Eine Sache kann in der Weise belastet werden, dass derjenige, zu
　　dessen Gunsten die Belastung erfolgt, berechtigt ist, die Nutzungen der Sache zu
　　ziehen（Nießbrauch）.
　　（2）：Der Nießbrauch kann durch den Ausschluss einzelner Nutzungen beschränkt
　　werden.
　　ドイツ民法典第 1030 条第 1 項：物は、用益権の目的とすることができる。用益権者は、
　　物の用益を収取することができる（用益権）。
　　第 2 項：用益権は、個別的な用益を除外することによって、これを制限することができ
　　る。
122）BGB § 1090（1）：Ein Grundstück kann in der Weise belastet werden, dass derjenige,
　　zu dessen Gunsten die Belastung erfolgt, berechtigt ist, das Grundstück in einzelnen
　　Beziehungen zu benutzen, oder dass ihm eine sonstige Befugnis zusteht, die den Inhalt
　　einer Grunddienstbarkeit bilden kann（beschränkte persönliche Dienstbarkeit）.
　　（2）：Die Vorschriften der §§ 1020 bis 1024, 1026 bis 1029, 1061 finden entsprechende
　　Anwendung.
　　ドイツ民法典第 1090 条第 1 項：土地は、制限的人役権の目的とすることができる。制
　　限的人役権者は、土地を個別的な関係において利用し、または、地役権の内容とするこ
　　とが可能なその他の権能を有することができる（制限的人役権）。
　　第 2 項：第 1020 条から第 1024 条まで、第 1026 条から第 1029 条までおよび第 1061 条
　　の規定は、制限的人役権について準用する。

有権に認められている権限の一部が欠けており、それだけ債権の性質に近づくことがあるからである。そこで、BGB に定められた制限物権と、それに近似するいくつかの権利について、以下検討していくことにする。

---

123) BGB § 1105 (1)：Ein Grundstück kann in der Weise belastet werden, dass an denjenigen, zu dessen Gunsten die Belastung erfolgt, wiederkehrende Leistungen aus dem Grundstück zu entrichten sind (Reallast). Als Inhalt der Reallast kann auch vereinbart werden, dass die zu entrichtenden Leistungen sich ohne weiteres an veränderte Verhältnisse anpassen, wenn anhand der in der Vereinbarung festgelegten Voraussetzungen Art und Umfang der Belastung des Grundstücks bestimmt werden können.
(2)：Die Reallast kann auch zugunsten des jeweiligen Eigentümers eines anderen Grundstücks bestellt werden.
ドイツ民法典第1105条第1項：土地は、物的負担の目的とすることができる。物的負担権者は、土地から回帰的な給付の支払を受けることができる（物的負担）。合意において取り決められた条件から土地の負担の種類および範囲を確定することができるときは、物的負担の内容として、支払われるべき給付を変動した関係に当然に適合させることも合意することができる。
第2項：物的負担は、他の土地の所有者のためにも、これを設定することができる。
124) BGB § 1113 (1)：Ein Grundstück kann in der Weise belastet werden, dass an denjenigen, zu dessen Gunsten die Belastung erfolgt, eine bestimmte Geldsumme zur Befriedigung wegen einer ihm zustehenden Forderung aus dem Grundstück zu zahlen ist (Hypothek).
(2)：Die Hypothek kann auch für eine künftige oder eine bedingte Forderung bestellt werden.
ドイツ民法典第1113条第1項：土地は、抵当権の目的とすることができる。抵当権者は、自ら有する債権につき満足を得るため、土地から一定額の金銭の支払を受けることができる（抵当権）。
第2項：抵当権は、将来債権または条件付債権のためにも、これを設定することができる。
125) BGB § 1199 (1)：Eine Grundschuld kann in der Weise bestellt werden, dass in regelmäßig wiederkehrenden Terminen eine bestimmte Geldsumme aus dem Grundstück zu zahlen ist (Rentenschuld).
(2)：Bei der Bestellung der Rentenschuld muss der Betrag bestimmt werden, durch dessen Zahlung die Rentenschuld abgelöst werden kann. Die Ablösungssumme muss im Grundbuch angegeben werden.
ドイツ民法典第1199条第1項：土地債務は、定期土地債務として設定することができる。定期土地債務権者は、定期的に土地から一定額の金銭の支払を受けることができる（定期土地債務）。
第2項：定期土地債務を設定するには、その支払によって定期土地債務を償却することができる金額を定めなければならない。この償却金額は、これを土地登記簿に登記しなければならない。

2 役 権

⑴ 地役権・制限的人役権

　まず、役権である。すでに述べたように、BGB における役権は、地役権と
制限的人役権に分かれる。いずれも、土地を対象とする。ただし、BGB は、
用益権も役権の一種として位置づけている。これは、ローマ法の古典期の考
え方に由来している[128]。

　役権の内容は、役権者に対して、承役地を利用する権限を与えるというも
のである（BGB 1018 条・1090 条 1 項）。したがって、その限りにおいて、承役
地の所有者に対して不作為を求めるものでもある。このため、役権には、原
則として、承役地の所有者に積極的な行為を求める権限は含まれていな
い[129]。

　また、地役権は、要役地の利益を高めるためだけに存在しうる（BGB 1019
条[130]）。しかし、具体的にどのような利益が地役権の内容として許され、ある
いは、許されないのか、については、とくに定めがない。結局のところ、そ

---

126) BGB § 1204 (1)：Eine bewegliche Sache kann zur Sicherung einer Forderung in
der Weise belastet werden, dass der Gläubiger berechtigt ist, Befriedigung aus der
Sache zu suchen（Pfandrecht）.
(2)：Das Pfandrecht kann auch für eine künftige oder eine bedingte Forderung
bestellt werden.
ドイツ民法典第 1204 条第 1 項：動産は、債権を担保するため、質権の目的とすること
ができる。質権者は、物から満足を求めることができる（質権）。
第 2 項：質権は、将来債権または条件付債権のためにも、これを設定することができる。
127) この点については、Motive Ⅲ, a.a.O. 117, S. 1 ff; *Ehrlich*, a.a.O. 117, S. 127 を参照。な
お、地上権や住居所有権は、その後、特別法において認められるにいたった。
128) たとえば、*Kern*, a.a.O. 27, S. 116 などを参照。
129) もっとも、例外として、役権を通じて間接的ではあるが、承役地の所有者に行為を求
め、それを事実上実現することはできる。この点につき、詳しくは、*Rolf Stürner*, Dienstbarkeit heute, AcP 194, 271 ff., 1994 などを参照。
130) BGB § 1019：Eine Grunddienstbarkeit kann nur in einer Belastung bestehen, die für
die Benutzung des Grundstücks des Berechtigten Vorteil bietet. Über das sich hieraus
ergebende Maß hinaus kann der Inhalt der Dienstbarkeit nicht erstreckt werden.
ドイツ民法典 1019 条：地役権は、地役権者の土地の利用につき、便益を供するもの
でなければならない。役権の内容は、その性質から生じる限度を超えて、これを拡張す
ることができない。

の利益は地役権者と承役地の所有者との合意内容によって確定される。そして、その利益が地役権の内容として適切かどうかが、個別に判断されることになる[131]。

(2) 用益権

　これに対して、用益権は、用益権者に対して、他人の用益を排除する物権的な権利を付与する（BGB 1030 条 2 項）。さらに、目的物が土地であっても動産であってもよい。また、権利を用益権の目的とすることもできる（BGB 1068 条[132]以下）[133]。

131）この点につき、たとえば、*Joachim Münch*, Die Sicherungsdienstbarkeit zwischen Gewerberecht und Kartellrecht, ZHR 157, 560, 1993 などを参照。ただし、居住権については、制限的人役権として特別な定めがおかれている（BGB 1093 条）。
BGB § 1093（1）：Als beschränkte persönliche Dienstbarkeit kann auch das Recht bestellt werden, ein Gebäude oder einen Teil eines Gebäudes unter Ausschluss des Eigentümers als Wohnung zu benutzen. Auf dieses Recht finden die für den Nießbrauch geltenden Vorschriften der §§ 1031, 1034, 1036, des § 1037 Abs. 1 und der §§ 1041, 1042, 1044, 1049, 1050, 1057, 1062 entsprechende Anwendung.
（2）：Der Berechtigte ist befugt, seine Familie sowie die zur standesmäßigen Bedienung und zur Pflege erforderlichen Personen in die Wohnung aufzunehmen.
（3）：Ist das Recht auf einen Teil des Gebäudes beschränkt, so kann der Berechtigte die zum gemeinschaftlichen Gebrauch der Bewohner bestimmten Anlagen und Einrichtungen mitbenutzen.
ドイツ民法典第 1093 条第 1 項：制限的人役権は、建物または建物の一部から所有者を排したうえで、それを住居として利用するための権利として、これを設定することができる。用益権に適用する第 1031 条、第 1034 条、第 1036 条、第 1037 条第 1 項、第 1041 条、第 1042 条、第 1044 条、第 1049 条、第 1050 条、第 1057 条および第 1062 条の規定は、この制限的人役権について準用する。
第 2 項：前項に規定する権利を有する者は、自己の家族ならびにその身分に応じた奉仕および世話に必要な者を同居させる権能を有する。
第 3 項：第 1 項の権利が、建物の一部に限定されるときは、その権利を有する者は、居住者による共同利用が予定されている建造物および施設を共同利用することができる。
132）BGB § 1068（1）：Gegenstand des Nießbrauchs kann auch ein Recht sein.
（2）：Auf den Nießbrauch an Rechten finden die Vorschriften über den Nießbrauch an Sachen entsprechende Anwendung, soweit sich nicht aus den §§ 1069 bis 1084 ein anderes ergibt.
ドイツ民法典第 1068 条第 1 項：権利も、これを用益権の目的とすることができる。
第 2 項：権利用益権については、物上用益権に関する規定を準用する。ただし、第 1069 条から第 1084 条までの規定から別段の効果が生じるときは、この限りでない。

　用益権は、当事者が権利内容を個別に定めることができ、かつ、目的物が土地に限定されている役権とは異なっている。もっとも、制限的人役権の内容を適切に定めることを通じて、同じ土地を目的物とした用益権の内容を制限することができる。用益権者が具体的にどのような権利を行使することが許されるかについては、判例がその判断基準を定めるほかはない[134]。

(3)　制限物権

　役権として分類される、地役権、制限的人役権および用益権が、いずれも第三者に対する絶対効を有することに着目すると、役権が物権的性質をもっていることは明らかである。とはいえ、役権は制限物権であるがゆえに、所有権との違いがあることもまた、事実である。各権利ごとの法的性質を検討するとともに、物権それ自体の性質論をあわせて検討することが、やはり求められる。

3　先買権

(1)　物権的先買権

　つぎに、物権的先買権である。物権的先買権の目的物は、土地に限定されている（BGB 1094 条 1 項）。もっとも、それ以外の点については、当事者に裁量の余地が広く認められている。たとえば、物権的先買権を、目的物以外の土地の所有者のために設定することもできるし、あるいは、特定人のために設定することもできる（BGB 1094 条 2 項・BGB 1103 条[135]）。さらには、物権的先買権が及ぶ範囲を、目的物である土地の従物にも広げることができる（BGB 1096 条[136]）。また、複数の売却のために物権的先買権を設定することもできる（BGB 1097 条[137]）。

---

133)　権利用益権については、*Ronny Hauck*, Nießbrauch an Rechten, Tübingen 2015, S. 229 ff. が詳しい。

134)　これについては、*Wolfgang Schön*, Der Nießbrauch an Sachen. Gesetzliche Struktur und rechtsgeschäftliche Gestaltung, Köln 1992, S. 241 ff. を参照。

⑵　**制限物権**

　物権的先買権が設定される目的は、土地の買主が、売主である土地所有者による二重売買を防止し、自らの所有権取得を確実にすることにある。このため、仮登記制度（BGB 883条以下）と類似している。もっとも、債権的請求権を保全する仮登記とは異なり、物権的先買権は目的物を土地に限定して、土地それ自体を把握することから、その法的性質が物権であることは理解しやすい。

4　物的負担

⑴　**役権との類似性**

　つづいて、物的負担である。役権と同じく、物的負担も各ラントにおいて

---

135) ただし、目的物以外の土地の所有者のための物権的先買権を、特定人のための物権的先買権に変更したり、特定人のための物権的先買権を、目的物以外の土地の所有者のための物権的先買権に変更したりすることは、許されない。

BGB § 1103 (1)：Ein zugunsten des jeweiligen Eigentümers eines Grundstücks bestehendes Vorkaufsrecht kann nicht von dem Eigentum an diesem Grundstück getrennt werden.

(2)：Ein zugunsten einer bestimmten Person bestehendes Vorkaufsrecht kann nicht mit dem Eigentum an einem Grundstück verbunden werden.

ドイツ民法典第1103条第1項：土地の所有者のために設定された先買権は、これを土地の所有権から分離することができない。

第2項：特定の者のために設定された先買権は、これを土地の所有権に結合することができない。

136) BGB § 1096：Das Vorkaufsrecht kann auf das Zubehör erstreckt werden, das mit dem Grundstück verkauft wird. Im Zweifel ist anzunehmen, dass sich das Vorkaufsrecht auf dieses Zubehör erstrecken soll.

ドイツ民法典第1096条：先買権は、土地とともに売却された従物にまで、これを及ぼすことができる。疑わしいときは、先買権は、その従物にまで及ぶものとする。

137) BGB § 1097：Das Vorkaufsrecht beschränkt sich auf den Fall des Verkaufs durch den Eigentümer, welchem das Grundstück zur Zeit der Bestellung gehört, oder durch dessen Erben; es kann jedoch auch für mehrere oder für alle Verkaufsfälle bestellt werden.

ドイツ民法典第1097条：先買権は、その設定時において土地を所有していた者またはその相続人が土地を売却するときに限り、これを行使することができる。ただし、先買権は、数度またはすべての売却につき、これを設定することもできる。

広く利用されていた制度であるため、BGB に採用されるにあたって、その規定内容は役権と類似したものとなっている。すなわち、物的負担権者は、土地から回帰的給付を受ける権利を有する（BGB 1105 条）。物的負担権者がどのような給付を受けることになるかについては、とくに定めがない。給付内容は、金銭に限定されない。このため、ここでも、当事者間の合意内容が重要となる[138]。

(2)　制限物権

　このように、物的負担の目的物は土地であり、その権利内容は第三者に優先する換価権である。したがって、物的負担も物権的性質を有するものといえる。とはいえ、その対象は回帰的給付にとどまり、実務における需要は小さい[139]。目的物が金銭に限定されていないために、この点において定期土地債務と区別することはできるが、物や役務の回帰的給付の担保を土地に求めることは、あまり考えられないであろう。

---

138)　もっとも、物的負担設定者に不作為を強いることはできないとされている。これらの点については、Kern, a.a.O. 27, S. 118 f. を参照。なお、給付がなされなかったときは、物的負担権者は、抵当権の規定の準用に基づいて、目的物である土地を換価することができる（BGB 1107 条・1118 条・1147 条）。

BGB § 1107：Auf die einzelnen Leistungen finden die für die Zinsen einer Hypothekenforderung geltenden Vorschriften entsprechende Anwendung.

ドイツ民法典第1107条：個々の給付については、抵当権の利息に適用する規定を準用する。

BGB § 1118：Kraft der Hypothek haftet das Grundstück auch für die gesetzlichen Zinsen der Forderung sowie für die Kosten der Kündigung und der die Befriedigung aus dem Grundstück bezweckenden Rechtsverfolgung.

ドイツ民法典第1118条：土地は、債権の法定利息、告知費用および土地から満足を受けるための権利追行に要する費用についても、抵当権に基づく責任を負う。

BGB § 1147：Die Befriedigung des Gläubigers aus dem Grundstück und den Gegenständen, auf die sich die Hypothek erstreckt, erfolgt im Wege der Zwangsvollstreckung.

ドイツ民法典第1147条：土地および抵当権が及ぶ目的財産からの債権者の満足は、強制執行手続によるものとする。

139)　たとえば、BGH NJW 2004, 361 f. を参照。これは、宅地の売買において、定期金による対価の支払が定められた事案であった。

5 担保権

(1) 抵当権

BGB における担保権は、土地を目的とするものと動産を目的とするものに分けられる。これは、ゲルマン法の伝統に由来する。このうち、土地を目的とする担保権は、抵当権（BGB 1113 条以下）、土地債務（BGB 1191 条以下）および定期土地債務（BGB 1199 条以下）である。これに対して、動産を目的とする担保権は、質権（BGB 1204 条以下）だけが定められている。

まず、抵当権は、証券抵当権と登記抵当権に分けられる（BGB 1116 条[140]）。このうち、証券抵当権が原則であり（BGB 1116 条 1 項）、例外として、登記抵当権を設定するには、土地所有者と抵当権者の間で、抵当証券の交付を禁止する旨の合意をし、かつ、この合意を登記しなければならない（BGB 1116 条 2 項）。

また、抵当権は、流通抵当権と保全抵当権にも分けられる。原則は、流通抵当権である。証券抵当権と登記抵当権は、いずれも流通抵当権として設定することができる[141]。これに対して、例外は、保全抵当権である。保全抵当権を設定するためには、その旨を土地登記簿に表示しなければならない。（BGB 1184 条 2 項[142]）。そして、流通抵当権とは異なり、保全抵当権は、登記抵当権として設定されなければならない（BGB 1185 条 1 項[143]）。保全抵当権は厳

---

140) BGB § 1116 (1)：Über die Hypothek wird ein Hypothekenbrief erteilt.
(2)：Die Erteilung des Briefes kann ausgeschlossen werden. Die Ausschließung kann auch nachträglich erfolgen. Zu der Ausschließung ist die Einigung des Gläubigers und des Eigentümers sowie die Eintragung in das Grundbuch erforderlich; die Vorschriften des § 873 Abs. 2 und der § § 876, 878 finden entsprechende Anwendung.
(3)：Die Ausschließung der Erteilung des Briefes kann aufgehoben werden; die Aufhebung erfolgt in gleicher Weise wie die Ausschließung.
ドイツ民法典第 1116 条第 1 項：抵当権については、抵当証券を交付する。
第 2 項：証券の交付は、これを禁ずることができる。この禁止は、事後的にすることもできる。禁止をするには、債権者と所有者との間の合意および土地登記簿への登記を要する。この場合においては、第 873 条第 2 項、第 876 条および第 878 条の規定を準用する。
第 3 項：証券交付の禁止は、これを解除することができる。この解除は、禁止と同一の方法によってする。

格な付従性を有する[144]。とくに、無記名債務証券および指図証券のための抵当権（BGB 1187 条[145]）、ならびに、最高額抵当権（BGB 1190 条[146]）は、保全抵

---

141) 流通抵当権が設定されていると、実際には被担保債権が存在していなくても、債権が存在しているものと擬制されて、抵当権が善意取得される可能性がある（BGB 1138 条・892 条）。

BGB § 1138：Die Vorschriften der §§ 891 bis 899 gelten für die Hypothek auch in Ansehung der Forderung und der dem Eigentümer nach § 1137 zustehenden Einreden.

ドイツ民法典第 1138 条：第 891 条から第 899 条までの規定は、債権および第 1137 条により所有者が有する抗弁権についても、これを抵当権に適用する。

142) BGB § 1184 (1)：Eine Hypothek kann in der Weise bestellt werden, dass das Recht des Gläubigers aus der Hypothek sich nur nach der Forderung bestimmt und der Gläubiger sich zum Beweis der Forderung nicht auf die Eintragung berufen kann (Sicherungshypothek).

(2)：Die Hypothek muss im Grundbuch als Sicherungshypothek bezeichnet werden.

ドイツ民法典第 1184 条第 1 項：抵当権は、保全抵当権として設定することができる。保全抵当権に基づく債権者の権利は、債権のみから定まる。また、債権者は、債権を証明するのに登記を援用することができない（保全抵当権）。

第 2 項：前項の抵当権は、これを土地登記簿において保全抵当権と表示しなければならない。

143) BGB § 1185 (1)：Bei der Sicherungshypothek ist die Erteilung des Hypothekenbriefs ausgeschlossen.

(2)：Die Vorschriften der §§ 1138, 1139, 1141, 1156 finden keine Anwendung.

ドイツ民法典第 1185 条第 1 項：保全抵当権については、抵当証券を交付することができない。

第 2 項：保全抵当権については、第 1138 条、第 1139 条、第 1141 条および第 1156 条の規定を適用しない。

144) 債権者は、債権の存在を証明するために登記を援用することはできない（BGB 1184 条 1 項）。また、保全抵当権が設定された場合には、BGB 1138 条の規定は適用されない（BGB 1185 条 2 項）。もっとも、債権が実際に存在する場合には、BGB 892 条に基づいて抵当権を善意取得することができる。

145) BGB § 1187：Für die Forderung aus einer Schuldverschreibung auf den Inhaber, aus einem Wechsel oder aus einem anderen Papier, das durch Indossament übertragen werden kann, kann nur eine Sicherungshypothek bestellt werden. Die Hypothek gilt als Sicherungshypothek, auch wenn sie im Grundbuch nicht als solche bezeichnet ist. Die Vorschrift des § 1154 Abs. 3 findet keine Anwendung. Ein Anspruch auf Löschung der Hypothek nach den §§ 1179a, 1179b besteht nicht.

ドイツ民法典第 1187 条：無記名債務証券、手形その他譲渡に裏書を要する証券に基づく債権を担保するためには、保全抵当権のみを設定することができる。この抵当権は、土地登記簿において保全抵当権と表示されていない場合においても、これを保全抵当権とみなす。この抵当権については、第 1154 条第 3 項の規定を適用しない。第 1179a 条および第 1179b 条による抵当権の抹消請求権は、成立しない。

当権として設定されなければならない。

(2)　土地債務

　つぎに、土地債務（BGB 1191 条 1 項）についてみてみよう。土地債務は付従性を有しない。つまり、被担保債権の存在を前提としない。この点が、抵当権との決定的な違いである。したがって、抵当権に関する定めのうち、被担保債権の存在を前提とする規定は、土地債務に適用されない（BGB 1192 条 1項[147]）。抵当権と同じく、土地債務も証券土地債務を原則とし、例外として登記土地債務も認められる（BGB 1192 条 1 項・1116 条）。

　土地債務には付従性がないため、債権者のために土地債務を設定することを要しない。このため、土地所有者が自らのためにその土地に土地債務を設定することもできる（BGB 1196 条[148]）。これにより、順位を保全することができる。

(3)　定期土地債務

　そして、定期土地債務である。定期土地債務は土地債務の一類型である。

---

146)　BGB § 1190 (1)：Eine Hypothek kann in der Weise bestellt werden, dass nur der Höchstbetrag, bis zu dem das Grundstück haften soll, bestimmt, im Übrigen die Feststellung der Forderung vorbehalten wird. Der Höchstbetrag muss in das Grundbuch eingetragen werden.
　(2)：Ist die Forderung verzinslich, so werden die Zinsen in den Höchstbetrag eingerechnet.
　(3)：Die Hypothek gilt als Sicherungshypothek, auch wenn sie im Grundbuch nicht als solche bezeichnet ist.
　(4)：Die Forderung kann nach den für die Übertragung von Forderungen geltenden allgemeinen Vorschriften übertragen werden. Wird sie nach diesen Vorschriften übertragen, so ist der Übergang der Hypothek ausgeschlossen.
　ドイツ民法典第 1190 条第 1 項：抵当権は、土地が負うべき責任の最高額のみを定め、その他の債権の特定を留保して、これを設定することができる。最高額は、これを土地登記簿に登記しなければならない。
　第 2 項：債権が利息を生ずべきときは、前項の最高額に利息を算入する。
　第 3 項：本条の抵当権は、土地登記簿において保全抵当権と表示されていない場合においても、これを保全抵当権とみなす。
　第 4 項：債権は、債権の移転に適用する一般規定により、これを移転することができる。債権が一般規定により移転したときも、これによって抵当権の移転は生じないものとする。

定期土地債務権者は、一回の給付ではなく、定期的になされる給付を求める
ことができる（BGB 1199 条 1 項）。

⑷　制限物権

　これら 3 つの土地担保権は、実質的には債権を担保するために土地を目的

147）BGB § 1192 (1)：Auf die Grundschuld finden die Vorschriften über die Hypothek
entsprechende Anwendung, soweit sich nicht daraus ein anderes ergibt, dass die
Grundschuld nicht eine Forderung voraussetzt.
(1a)：Ist die Grundschuld zur Sicherung eines Anspruchs verschafft worden
(Sicherungsgrundschuld), können Einreden, die dem Eigentümer auf Grund des
Sicherungsvertrags mit dem bisherigen Gläubiger gegen die Grundschuld zustehen
oder sich aus dem Sicherungsvertrag ergeben, auch jedem Erwerber der Grundschuld
entgegengesetzt werden; § 1157 Satz 2 findet insoweit keine Anwendung. Im
Übrigen bleibt § 1157 unberührt.
(2)：Für Zinsen der Grundschuld gelten die Vorschriften über die Zinsen einer
Hypothekenforderung.
ドイツ民法典第 1192 条第 1 項：土地債務については、抵当権に関する規定を準用する。
ただし、土地債務が債権を前提としないことから別段の結果が生じるときは、この限り
でない。
第 1a 項：土地債務が請求権の担保に供せられるときは（保全土地債務）、旧債権者との
間における担保契約に基づいて所有者が土地債務に対して有する抗弁権または担保契
約から生じる抗弁権は、土地債務を取得したすべての者に対して、これを主張すること
ができる。この限りでは、第 1157 条第 2 文を適用しない。この規定は、その他の事項
につき、第 1157 条の適用を妨げない。
第 2 項：土地債務の利息については、抵当権の利息に関する規定を適用する。
148）BGB § 1196 (1)：Eine Grundschuld kann auch für den Eigentümer bestellt werden.
(2)：Zu der Bestellung ist die Erklärung des Eigentümers gegenüber dem
Grundbuchamt, dass die Grundschuld für ihn in das Grundbuch eingetragen werden
soll, und die Eintragung erforderlich；die Vorschrift des § 878 findet Anwendung.
(3)：Ein Anspruch auf Löschung der Grundschuld nach § 1179a oder § 1179b
besteht nur wegen solcher Vereinigungen der Grundschuld mit dem Eigentum in einer
Person, die eintreten, nachdem die Grundschuld einem anderen als dem Eigentümer
zugestanden hat.
ドイツ民法典第 1196 条第 1 項：土地債務は、所有者のためにも、これを設定すること
ができる。
第 2 項：前項の土地債務を設定するには、所有者が土地登記所に対して自己のために土
地債務を土地登記簿に登記するよう意思表示をし、かつ、その登記がされなければなら
ない、この場合においては、第 878 条の規定を適用する。
第 3 項：第 1179a 条または第 1179b 条による土地債務の抹消請求権は、土地債務が所
有者以外の者に帰属した後に、所有権とともに同一人に帰属した場合にのみ、成立する。

物として設定される権利である、という点において、同じ特徴をもっている。
このため、それぞれの担保権を転換することが認められている（BGB 1186
条[149]・1198 条[150]・1203 条[151]）。

　このように、ドイツ法における土地担保権は、日本法におけるそれとは大
きく異なっている。BGB における物権法の規定は、プロイセン法の影響を強
く受けつつ制定された[152]。物権法部分草案においても、付従性を有しない抵
当権が原則とされ、付従性を有する保全抵当権は例外とされた。また、第一
草案においても、抵当権と土地債務、証券抵当権と登記抵当権といった概念

---

149) BGB § 1186：Eine Sicherungshypothek kann in eine gewöhnliche Hypothek, eine
gewöhnliche Hypothek kann in eine Sicherungshypothek umgewandelt werden. Die
Zustimmung der im Range gleich- oder nachstehenden Berechtigten ist nicht erforderlich.
ドイツ民法典第1186条：保全抵当権は普通抵当権に、また、普通抵当権は保全抵当権
に変じることができる。これには同順位または後順位の権利者の同意を要しない。
150) BGB § 1198：Eine Hypothek kann in eine Grundschuld, eine Grundschuld kann in
eine Hypothek umgewandelt werden. Die Zustimmung der im Range gleich- oder
nachstehenden Berechtigten ist nicht erforderlich.
ドイツ民法典第1198条：抵当権は土地債務に、また、土地債務は抵当権に変じること
ができる。これには同順位または後順位の権利者の同意を要しない。
151) BGB § 1203：Eine Rentenschuld kann in eine gewöhnliche Grundschuld, eine
gewöhnliche Grundschuld kann in eine Rentenschuld umgewandelt werden. Die Zustimmung der im Range gleich- oder nachstehenden Berechtigten ist nicht erforderlich.
ドイツ民法典第1203条：定期土地債務は普通土地債務に、また、普通土地債務は定期
土地債務に変じることができる。これには同順位または後順位の権利者の同意を要し
ない。
152) ALR における抵当権に関する規定として、ALR I 20 § 390 以下がある。
ALR I 20 § 390：Hypothekenrechte können nur auf Grundstücke und solche
Gerechtigkeiten, welche die Gesetze den unbeweglichen Sachen gleich achten, erworben werden.
§ 391：Auch findet die Erwerbung eines solchen Rechts nur auf diejenigen
Grundstücke und Gerechtigkeiten statt, die in den öffentlichen Hypothekenbücherein-
getragen sind.
§ 392：Alle in einem Distrikte gelegene Immobilien, welche besonders besessen,
veräußert, oder mit dinglichen Verbindlichkeiten belegt werden können, müssen in
das Hypothekenbuch des Distrikts eingetragen werden.
§ 393：Jedem solchen Grundstücke ist in dem Hypothekenbuche eine gewisse
Nummer, und ein eignes Folium zu bestimmen.
§ 394：Pertinenzstücke und Gerechtigkeiten, welche zu gewissen Hauptgrund-
stücken geschlagen sind, und nur mit selbigen zugleich besessen oder ausgeübt

werden, erhalten kein besonderes Folium.

§ 395 : Dagegen müssen Gerechtigkeiten, die für sich selbst bestehen, und auch ohne den Besitz eines Grundstücks ausgeübt werden können, im Hypothekenbuche in besondre Tabellen eingetragen werden.

§ 396 : Wie die Hypothekenbücher einzurichten, und die Eintragung der Grundstücke und Gerechtigkeiten in dieselben zu bewerkstelligen sey, ist in der Hypothekenordnung vorgeschrieben.

§ 397 : Zur Führung des Hypothekenbuchs, und zu Eintragungen in selbiges, sind der Regel nach nur diejenigen Gerichte, unter deren Sprengel die Sache gelegen ist, befugt.

§ 398 : Ausnahmen davon bestimmen die Provinzial-Gesetze.

§ 399 : Wegen des Titels, wodurch die Befugniß, auf Einräumung eines wirklichen Hypothekenrechts anzutragen, begründet werden kann, gelten zuvörderst die §§ 2-5 ertheilten allgemeinen Vorschriften.

§ 400 : Wenn durch Gesetz auch nur ein allgemeines Pfandrecht begründet worden: so kann dennoch der Berechtigte dessen Eintragung auf die Immobilien des Verpflichteten nachsuchen.

§ 401 : Dagegen kann ein gesetzliches Pfandrecht, welches nur auf gewisse Gegenstände eingeschränkt ist, auf andre Immobilien, ohne die besondre Einwilligung des Schuldners, nicht eingetragen werden.

§ 402 : Ein Vertrag, durch welchen das gesammte Vermögen, oder auch gewisse benannte Immobilien des Schuldners, dem Gläubiger verpfändet worden, berechtigt letztern noch nicht, seine Forderung gerichtlich eintragen zu lassen.

§ 403 : Vielmehr ist dazu eine besondre und ausdrückliche Einwilligung des Schuldners erforderlich.

§ 404 : In allen Fällen muß das Hauptrecht, welches durch die Hypothek versichert werden soll, dem Berechtigten gegen denjenigen zustehn, welcher als vollständiger Besitzer der Sache im Hypothekenbuche eingetragen ist.

§ 405 : Ist also zu der Zeit, wo die Eintragung gesucht wird, der Schuldner als Eigenthümer der Sache im Hypothekenbuche nicht vermerkt: so findet auch die Einräumung einer gültigen Hypothek für den Gläubiger nicht statt.

§ 406 : Doch hat, wenn nach erfolgter Hypothekbestellung, der Schuldner als Eigenthümer der Sache in das Hypothekenbuch wirklich eingetragen wird, die allgemeine Vorschrift §§ 16-17 Anwendung.

§ 407 : Die vor Berichtigung des Besitztitels eingetragenen Hypotheken folgen hinter einander, nach der Zeit der geschehenen Eintragung.

§ 408 : Ist aber bey der hiernächst erfolgten Eintragung des Besitztitels für den Schuldner, zugleich ein dingliches Recht für denjenigen, welcher zur Zeit der Eintragung jener Hypotheken, als Eigenthümer der Sache in dem Hypothekenbuche vermerkt war, mit eingetragen worden: so geht ersteres den letztern vor.

§ 409 : Der Richter, welcher Hypothekenrechte gegen einen solchen, der noch nicht als Eigenthümer im Grundbuche vermerkt ist, einträgt, haftet für allen aus einer solchen ordnungswidrigen Eintragung erwachsenden Schaden.

§ 410 : Jede auf den Grund eines an sich rechtsgültigen Titels, gegen den eingetragnen Besitzer erfolgte Hypothekenbestellung, behält ihre Kraft, wenn sich gleich in der Folge findet, daß dieser Besitzer nicht der wahre Eigenthümer gewesen sey.

§ 411 : Nur durch die wirkliche Eintragung in die öffentlichen Grundbücher wird das Hypothekenrecht selbst erworben.

§ 412 : So lange daher ein gesetzliches, oder auch ein durch rechtsgültige Willenserklärungen bestelltes Pfandrecht noch nicht eingetragen ist: so lange hat dasselbe noch nicht die Eigenschaft eines dinglichen Rechts.

§ 413 : Doch wirkt ein gesetzliches noch nicht eingetragenes Pfandrecht so viel, daß derjenige, welchem dasselbe zukommt, sich, mit Uebergehung der Zwischengrade der Execution, sogleich an die noch im Vermögen seines Schuldners befindlichen Immobilien halten kann.

§ 414 : Gleiche Wirkungen hat ein durch Willenserklärungen bestelltes, obgleich nicht eingetragenes Pfandrecht, wenn in der Willenserklärung gewisse Grundstücke benannt, und diese zur Zeit der Execution in dem Vermögen des Schuldners noch vorhanden sind.

§ 415 : Die Gültigkeit des Hypothekenrechts hängt an und für sich von der Gültigkeit des Anspruchs ab, zu dessen Sicherheit dasselbe bestellt worden.

§ 416 : So lange daher der angebliche Schuldner der Forderung selbst widerspricht: so lange findet die Eintragung einer Hypothek dafür nicht statt.

§ 417 : Doch kann der Gläubiger, gegen die nachtheiligen Folgen dieses Widerspruchs, durch Eintragung einer Protestation wider alle nachherige Verpfändungen sich decken.

§ 418 : Dergleichen Protestation aber soll nur von dem angenommen werden, welcher eine solche Forderung, wodurch ein rechtsgültiger Titel zur Erlangung eines Hypothekenrechts an sich begründet wird, durch unverdächtige Urkunden, oder sonst, einigermaßen bescheinigt hat.

§ 419 : Insonderheit ist die Eintragung einer Protestation zuläßig, wenn der Eintragung des Anspruchs selbst der Mangel einer noch zu ergänzenden Formalität, welche nur mehrerer Zuverläßigkeit und Beglaubigung wegen bey einer Handlung erfordert wird, entgegen steht.

§ 420 : Betrifft aber der Mangel ein zum Wesen und zur Gültigkeit der Handlung, oder des Anspruchs, nach den Gesetzen nothwendiges Erforderniß: so findet auch die Eintragung einer Protestation nicht statt.

§ 421 : Durch eine gehörig eingetragene Protestation erhält der Gläubiger das Recht, die Forderung selbst, nach gehobenem Widerspruche, oder ergänzter Formalität, an dem Orte, wo die Protestation vermerkt ist, zu allen Zeiten eintragen zu lassen.

§ 422 : Dadurch allein, daß ein Anspruch in das Hypothekenbuch eingetragen worden, verliert der Schuldner noch nicht die ihm sonst gegen dessen Gültigkeit zustehenden Einwendungen.

§ 423 : In so fern jedoch ein Dritter auf eine solche Forderung, nach deren Eintragung, ein Recht durch einen lästigen Vertrag erworben hat, kann der Schuldner gegen diesen Dritten von solchen Einwendungen, die er demselben vorher nicht kund gethan hat, keinen Gebrauch machen.

§ 424 : Will daher der Schuldner sich seine Einwendungen wider die eingetragene

Forderung auch gegen jeden Dritten erhalten: so muß er dieselben im Hypothekenbuche ebenfalls vermerken lassen.

§ 425 : Ist dergleichen Vermerk, binnen Vier Wochen nach geschehener Eintragung
der Post selbst, in das Hypothekenbuch eingeschrieben worden: so erhält derselbe die
Rechte des Schuldners auch gegen denjenigen, welcher schon vorhin auf Verhandlungen über einen solchen Anspruch mit dem Gläubiger sich eingelassen hatte.

§ 426 : Wer also auf eine eingetragene Post, durch Cession, Verpfändung, oder sonst,
mit völliger Sicherheit ein Recht erwerben will, der muß die ersten Vier Wochen nach
der Eintragung abwarten: und sodann sich überzeugen: daß in der Zwischenzeit keine
Einwendungen oder Protestationen dagegen im Hypothekenbuche vermerkt worden.

§ 427 : Die Form der Eintragungen, wodurch eine Hypothek erworben werden kann,
ist in der Hypothekenordnung vorgeschrieben.

§ 428 : Fehler gegen diese gesetzmäßige Form müssen die zur Führung der
Hypothekenbücher angeordneten Behörden vertreten.

§ 429 : Dagegen haften diese Behörden keinesweges für Fehler oder Mängel in dem
Ansprüche selbst, zu dessen Sicherheit die Hypothek bestellt worden.

§ 430 : Liegt aber der Grund, warum durch die Eintragung gar kein Hypothekenrecht erworben werden können, in einem in die Augen fallenden Fehler des
Instruments, dem es an einem nach den Gesetzen nothwendigen Erfordernisse
gebricht: so haften die Hypothekenbuchführer demjenigen, der im Vertrauen auf ihre
Rechtskenntnisse, bey einer solchen fehlerhaften Eintragung sich beruhigt hat.

§ 431 : Für die Zulänglichkeit der durch die Hypothek dem Gläubiger verschafften
Sicherheit kann von den Führern des Hypothekenbuchs keine Vertretung gefordert
werden.

§ 432 : Sie machen sich aber verantwortlich, wenn ein von ihnen ausgestellter
Hypothekenschein mit dem Inhalte des Hypothekenbuchs, so wie dieser zur Zeit der
Ausstellung beschaffen war, nicht übereinstimmt.

§ 433 : Ehe der Richter wegen eines von ihm begangenen Fehlers in Anspruch
genommen werden kann, muß zuvörderst derjenige haften, welcher sich mit dem
Schaden des Gläubigers widerrechtlich bereichern würde.

§ 434 : Gleich diesem haftet derjenige, welcher durch seinen Betrug die fehlerhafte
Handlung des Richters veranlaßt hat.

§ 435 : Nur unter eben den Umständen, unter welchen, vermöge der Gesetze, ein
Gläubiger, mit Uebergehung des Hauptschuldners, sich sofort an den Bürgen halten
kann, ist derjenige, welcher durch eine fehlerhafte Eintragung Schaden leidet, in den
Fällen des §§ 428, 430, 432 den Richter sogleich in Anspruch zu nehmen berechtigt.

§ 436 : Durch eine gehörig erfolgte Eintragung erlangt der Gläubiger das Recht, sich
wegen seiner Forderung zur Verfallzeit an die verpfändete Sache zu halten.

§ 437 : Die Rechte und Pflichten eines Pfandgläubigers also, welche aus dem Besitze
entspringen, kommen dem Hypothekengläubiger nicht zu.

§ 438 : Der Schuldner kann daher, auf die einem Gläubiger zur Hypothek verhaftete
Sache, auch einem andern ein Hypothekenrecht gültig einräumen.

§ 439 : Selbst ein Vertrag, daß die Sache keinem Andern mehr zur Hypothek verschrieben werden solle, ist ohne rechtliche Wirkung

§ 440 : Wie weit der Hypothekengläubiger für die Unterhaltung der verpfändeten Substanz, bey dem Unvermögen des Eigenthümers, zu sorgen verpflichtet sey, ist nach den allgemeinen Vorschriften im Achten Titel §§ 44. sqq. und nach den Polizeygesetzen jedes Orts zu bestimmen.

§ 441 : Dagegen hat aber auch der Gläubiger das Recht, wenn der Besitzer der Sache durch erhebliche Verringerungen ihrer Substanz seine Sicherheit schmälert, seine Befriedigung noch vor der Verfallzeit zu fordern.

§ 442 : Will er von diesem Rechte keinen Gebrauch machen: oder gestattet es die Natur des versicherten Anspruchs nicht : so kann der Gläubiger darauf antragen, daß dem Besitzer in seinen nachtheiligen Dispositionen durch richterliche Verfügung Schranken gesetzt werden.

§ 443 : Das dingliche Recht des Hypothekengläubigers erstreckt sich auf das ganze Grundstück, und alle zur Zeit der Eintragung dabey befindlichen Pertinenzstücke.

§ 444 : Was für ein mitverpfändetes Pertinenzstück der verschriebenen Sache oder Gerechtigkeit zu achten sey, muß bey entstehendem Streite, nach den Vorschriften des Zweyten Titels § § 42 sqq. beurtheilt werden.

§ 445 : In so fern jedoch bewegliche Pertinenzstücke, in der Zwischenzeit von der Eintragung, bis zur wirklichen Vollstreckung der richterlichen Execution, von der Hauptsache getrennt worden, geht die darauf gehaftete dingliche Verpflichtung auf den dritten Besitzer nicht mit über.

§ 446 : Sind dagegen andre bewegliche Pertinenzstücke in dieser Zwischenzeit hinzugekommen: so werden dieselben, in so fern sie zur Zeit der Execution noch wirklich vorhanden sind, dem dinglichen Rechte des Hypothekengläubigers mit unterworfen.

§ 447 : Sollen unbewegliche Pertinenzstücke des verpfändeten Guts nicht mit verpfändet seyn: so müssen dieselben bey der Verschreibung und deren Eintragung ausdrücklich ausgeschlossen werden.

§ 448 : Auf Güter und Grundstücke, die eine besondre Nummer im Hypothekenbuche haben, und auf welche die Eintragung nicht geschehen ist, erlangt der Gläubiger kein dingliches Recht: wenn sie gleich eben demselben Schuldner gehören, und in der Verschreibung ausdrücklich mit zur Hypothek eingesetzt worden.

§ 449 : Sind daher in dem Instrumente mehrere Güter und Grundstücke zur Hypothek verschrieben: so muß der Gläubiger bey dem Gesuche um Eintragung ausdrücklich bemerken: auf welche derselben er die Eintragung verlange: und der Richter, oder die Hypothekenbuch führende Behörde, kann ihn zu einer solchen bestimmten Angabe allenfalls ausdrücklich auffordern.

§ 450 : Verfügt alsdann diese Behörde die an sich zuläßige Eintragung nicht auf alle benannte Grundstücke: so macht sie sich dem Gläubiger wegen eines ihm daraus entstehenden Schadens verantwortlich.

§ 451 : Doch ist auch der Gläubiger schuldig, wenn der vorgefalle Fehler aus dem Recognitionsscheine über die geschehene Eintragung ersichtlich ist, demselben der Behörde zur Abhelfung, so weit sie alsdann noch stattfinden kann, unverzüglich anzuzeigen.

§ 452 : Ist diese Anzeige von ihm binnen Sechs Wochen, nach dem ihm der Recognitionsschein behändigt worden, nicht geschehen: so muß er sich den aus spätern Eintragungen andrer Gläubiger für ihn entstehenden Nachtheil selbst beymessen.

§ 453 : Ist die Eintragung auf die mehrern verschiedenen Güter zu unterschiedenen Zeiten geschehen: so erlangt der Gläubiger auf jedes derselben das Hypothekenrecht nur von der Zeit der auf dieses Gut erfolgten Eintragung.

§ 454 : Unbewegliche Pertinenzstücke, welche erst nach erfolgter Eintragung, aus fremden Eigenthume dem Hauptgute beygefügt worden, sind dem dinglichen Rechte des Gläubigers nicht mit unterworfen.

§ 455 : Geschieht auf selbige in der Folge eine neue Eintragung der auf dem alten Gute haftenden Schuld: so erlangt der Gläubiger, nur von dieser Zeit an, das Hypothekenrecht in Ansehung eines solchen Pertinenzstückes.

§ 456 : Ist gegen die Erwerbung des neuen Pertinenzstücks ein Andres, welches dem dinglichen Rechte des Gläubigers unterworfen war, von der Substanz getrennt worden: so kann der Gläubiger an das neue Pertinenzstück, statt des abgetretenen sich halten.

§ 457 : Er kann aber auch, mit Entsagung auf das neue Pertinenzstück, sein dingliches Recht gegen den Besitzer des abgetretenen verfolgen.

§ 458 : Sind bey Berichtigung streitiger Gränzen, oder bey Gemeinheitstheilungen, Pertinenzstücke unbeweglicher Güter gegen einander ausgetauscht worden: so finden die Vorschriften §§ 456-457 keine Anwendung.

§ 459 : Vielmehr treten, auch in Beziehung auf die Hypothekengläubiger, die neuen Pertinenzstücke an die Stelle der vorigen.

§ 460 : Sind bey solchen Gränzberichtigungen, oder Gemeinheitstheilungen, Pertinenzstücke eines Guts gegen eine baare ein- für allemal zu entrichtende Vergütung abgetreten worden: so müssen die Gerichte, welche das Geschäft dirigiren, ein solches Abkommen den Hypothekengläubigern zur Wahrnehmung ihrer Gerechtsame, bekannt machen.

§ 461 : Diesen steht alsdann frey, zu verlangen, daß der Schuldner die ihm ausgesetzte baare Vergütung entweder zur Wiederherstellung ihrer durch die Abtretung geschmälerten Sicherheit, oder zur Abstoßung der zuerst eingetragenen Capitalsposten, so weit sie dazu hinreicht, verwende.

§ 462 : Kann oder will der Schuldner weder eines noch das andere bewerkstelligen: so sind die Hypothekengläubiger befugt, ihre Capitalien, auch noch vor der Verfallzeit, aufzukündigen.

§ 463 : Sie müssen aber von diesem Rechte binnen Sechs Wochen, nach der ihnen zugekommenen Notification, Gebrauch machen.

§ 464 : Thun sie das, so bleibt ihnen ihr hypothekarisches Recht auf das abgetretene Pertinenzstück bis zum Austrage der Sache vorbehalten.

§ 465 : Verabsäumen sie aber die gesetzliche Frist: so erlöscht ihr Hypothekenrecht auf das abgetrennte Pertinenzstück.

§ 466 : Wenn neu hinzugekommene Pertinenzstücke auf eine rechtsgültige Weise besonders verpfändet worden: so muß, bey einer erfolgten Veräußerung, die Vertheilung des Kaufgeldes unter die verschiednen Gläubiger nach Verhältniß der Taxe eines jeden Stücks geschehen.

§ 467 : Das Recht eines Hypothekengläubigers erstreckt sich, in Ansehung seiner ganzen Forderung sowohl auf das Ganze, auf welches dasselbe durch die Eintragung bestellt worden, als auf die einzelnen Theile desselben.

§ 468 : Er kann also, wenn ihm mehrere Grundstücke verhaftet sind, oder wenn das durch Eintragung verpfändete Grundstück durch Erbgangsrecht, oder auf andere Art getheilt worden, wegen seiner ganzen Forderung, an jedes Grundstück, oder an jeden getrennten Theil desselben sich halten.

§ 469 : Durch Veränderungen in der Substanz der verpfändeten Sache wird das Recht des Hypothekengläubigers nicht geändert.

§ 470 : An- und Zuwüchse, sie mögen durch Natur oder durch die Handlung eines Menschen entstehn, in so fern letztere nicht Pertinenzstücke sind, die aus fremdem Eigenthume der Sache beygefügt worden, sind dem Hypothekenrechte des eingetragenen Gläubigers mit unterworfen.

§ 471 : Die auf ein Grundstück bestellte Hypothek begreift in der Regel auch alle darauf befindliche, selbst die nach, der Eintragung neu errichteten Gebäude, mit unter sich.

§ 472 : Ist aber jemanden ausdrücklich nur Grund und Boden zur Hypothek verschrieben: und hat ein Dritter, außer dem Eigenthümer des Grundes, Gebäude darauf errichtet: so sind diese, zum Nachtheile des Erbauers, für mitverpfändet zwar nicht zu achten.

§ 473 : Doch muß der Eigenthümer der Gebäude den auf Grund und Boden versicherten Gläubigern bis auf den ganzen Werth des Bodens, nach der höchsten Taxe, gerecht werden.

§ 474 : In so weit können also diese Gläubiger auch an das Gebäude sich halten ; und gehen sogar, bey einem entstehenden Concurs- oder Liquidationsprozesse, den auf das Gebäude später eingetragnen Gläubigern vor.

§ 475 : Die Früchte und Nutzungen der verpfändeten Sache haften dem Hypothekengläubiger in so fern, als sie sich, zur Zeit der Executionsvollstreckung, noch unabgesondert von der Substanz befinden.

§ 476 : So lange also der Hypothekengläubiger die von der Substanz abgesonderten Früchte und Nutzungen, oder die an deren Stelle tretenden Pacht- und Miethgelder, noch nicht in gerichtlichen Beschlag genommen hat, so lange kann der Eigenthümer gültig darüber verfügen.

§ 477 : Hingegen sind Verträge und andere Handlungen, wodurch der Schuldner über künftige Früchte und Nutzungen im Voraus verfügt so weit, als dieselben zum Nachtheile der alsdann schon eingetragnen Hypothekengläubiger gereichen würden, unkräftig.

§ 478 : Will jemand, der in dergleichen Verhandlungen mit dem Besitzer über künftige Früchte und Nutzungen sich einläßt, sich dabey gegen die Widersprüche künftig einzutragender Hypothekengläubiger decken: so muß er das Geschäft selbst im Hypothekenbuche vermerken lassen.

§ 479 : Ist dieses nicht geschehen, so kann er von seinem Rechte auf die künftigen Früchte und Nutzungen, zum Nachtheile der auch später eingetragenen Gläubiger: keinen Gebrauch machen.

§ 480 : Ein Pächter also, welcher die Pacht auf mehr als Ein Quartal an den Gutsbesitzer voraus bezahlt hat, kann diese Zahlung den damals schon eingetragenen Gläubigern, welche darein nicht gewilligt haben, nicht entgegen setzen.

§ 481 : Gegen die später einzutragenden kann er sich damit nur alsdann schützen, wenn er die geleistete Vorausbezahlung im Hypothekenbuche hat vermerken.

§ 482 : Das Recht, sich an die verschriebene Sache zu halten, gebührt dem Gläubiger sowohl in Ansehung des Hauptstuhls seiner Forderung, als in Ansehung der davon vorbedungenen Zinsen.

§ 483 : Dagegen erstreckt sich das dingliche Recht des Gläubigers nicht auf bloße Verzögerungszinsen.

§ 484 : Wegen der Kosten zur Ausklagung und Beytreibung der Forderung, hat der Gläubiger kein dingliches Recht: wenn ihm nicht dasselbe in dem Hauptinstrumente ausdrücklich vorbehalten, und dieser Vorbehalt im Hypothekenbuche mit vermerkt worden.

§ 485 : Hat jemand mit seinem Grundstücke Caution für sein eignes Amt bestellt: so haftet das Grundstück auch für die Kosten zur Ausmittelung des Defekts.

§ 486 : Ist aber diese Caution auf ein gewisses Quantum eingeschränkt: so haben die Kosten nur so weit, als sie aus diesem Quanto mit bestritten werden können, ein dingliches Recht.

§ 487 : Ist wegen der Kosten ein besondrer ausdrücklicher Vorbehalt gemacht, und mit eingetragen worden: so findet die Vorschrift § 484 Anwendung.

§ 488 : Das verschriebene Grundstück haftet für die Kosten der Hypothekenbestellung selbst, in allen Fällen nur alsdann, wenn es zum Unterpfande dafür ausdrücklich mit eingesetzt, und dieses im Hypothekenbuche mit vermerkt worden.

§ 489 : Doch ist der Schuldner für die Kosten der Hypothekenbestellung und Eintragung, wenn nicht ein Anderes besonders verabredet worden, allemal Persönlich verhaftet.

§ 490 : Der Gläubiger kann sein Recht auf die Hypothek durch Sequestration, Immission, und Subhastation geltend machen.

§ 491 Wie dabey zu verfahren sey, ist in der Prozeßordnung vorgeschrieben.

§ 492 : Der Hypothekengläubiger kann sein Recht auf die verpfändete Sache auch gegen einen dritten Besitzer derselben ausüben.

§ 493 : Gegen einen im Hypothekenbuche eingetragnen Gläubiger kann niemand mit dem Vorwande, daß er redlicher Besitzer, und ihm von dem Ansprüche nichts bekannt gewesen sey, sich schützen.

§ 494 : Auch hat der Gläubiger, wenn gleich die Sache sich in den Händen eines dritten Besitzers befindet, dennoch die freye Wahl: ob er sogleich an diese, oder zuerst an die Person seines Schuldners sich halten wolle.

§ 495 : Auch wenn er letzteres wählt, bleibt ihm dennoch sein Recht auf die Sache, so lange er von dem Schuldner noch nicht vollständig befriedigt worden, vorbehalten.

§ 496 : Durch die bloße Einwilligung des Hypothekengläubigers in die Veräußerung oder weitere Verpfändung der Sache an einen Dritten, wird das Recht desselben in nichts geändert.

§ 497 : Soll also, durch die Erklärung des Gläubigers, eine später eingetragne Post den Vorzug vor der Forderung desselben erhalten: so muß dieses Vorzugsrecht schriftlich eingeräumt, und im Hypothekenbuche vermerkt werden.

§ 498 : Ist der Vermerk unterblieben: so steht die Erklärung des Gläubigers zwar ihm und seinen Erben, nicht aber einem dritten Inhaber der Forderung, entgegen.

§ 499 : Was zu beobachten sey, wenn eine Frauensperson der Forderung eines Andern das Vorzugsrecht vor der ihrigen einräumt, ist im Titel von Bürgschaften bestimmt.

§ 500 : An und für sich wird also, wenn eine Sache mehrern zur Hypothek verschrieben, und zu ihrer aller Befriedigung unzureichend ist, das Vorzugsrecht unter ihnen lediglich nach der Ordnung der geschehenen Eintragung bestimmt.

§ 501 : Was der Richter zu thun habe, wenn mehrere Posten um eine und eben dieselbe Zeit zur Eintragung angemeldet werden, und wie alsdann die Folge derselben zu bestimmen sey, ist in der Hypothekenordnung vorgeschrieben.

§ 502 : Hat der Richter bey Befolgung dieser Vorschriften gefehlt: so bleibt es dennoch bey der im Hypothekenbuche einmal angenommenen Folgeordnung.

§ 503 : Derjenige aber, welcher durch ein solches Versehen des Richters gefährdet worden, kann von diesem, jedoch nur unter den §§ 451–452 festgesetzten Bestimmungen, Schadloshaltung fordern.

§ 504 : Bey eintretender Unzulänglichkeit einer mehrern zur Hypothek verschriebenen Sache, haben nur zweyjährige Zinsen-Rückstände mit der Hauptforderung gleiche Rechte.

§ 505 : Aeltere Zinsen-Rückstände müssen sämmtlichen übrigen auch bloß persönlichen Capitalsschulden nachstehen.

§ 506 : Wie weit, bey entstandenem Concurs- oder Liquidations-Prozesse, die fortlaufenden Zinsen der eingetragenen Hypotheken aus den Nutzungen der verpfändeten Sache berichtigt werden müssen, bestimmt die Concursordnung.

§ 507 : Eben daselbst ist vorgeschrieben, wie weit in einem solchen Falle die vorräthigen Bestände den eingetragenen Gläubigern, oder zur gesammten Concursmasse, gehören.

§ 508 : Nach eben diesen Vorschriften muß bestimmt werden, wenn bloß im Wege der Execution, mehrere Gläubiger sich an die vorräthigen Bestände halten wollen, in wie fern das Vorrecht der eingetragenen Gläubiger sich auf dieselben erstrecke.

§ 509 : Die Kosten, welche bey einem entstehenden Concurs- oder Liquidations-Prozesse auf die Veräußerung des verschriebenen Grundstücks verwendet worden, müssen von dem dafür gelöseten Kaufgelde vorweg abgezogen werden.

§ 510 : Dagegen muß im Concurse, auch der Hypothekengläubiger die Kosten zur Ausführung seines Anspruchs gegen seine Mitgläubiger selbst tragen.

§ 511 : So weit der Gläubiger über die eingetragene Forderung selbst verfügen kann, so weit ist er auch die dafür bestellte Hypothek einem Andern abzutreten und zu verpfänden berechtigt.

§ 512 : Was bey Cessionen eingetragener Forderungen Rechtens sey, ist im Eilften Titel vorgeschrieben.

§ 513 : Die Eintragung einer gehörig geleisteten Cession in das Hypothekenbuch ist zur Gültigkeit des Geschäfts nicht nothwendig.

§ 514 : Hat jedoch der Cessionarius die Eintragung zu suchen verabsäumt: so muß er die daraus entstehenden nachtheiligen Folgen, in den durch die Hypothekenordnung näher bestimmten Fällen, wider sich gelten lassen.

§ 515 : Bey Verpfändungen eingetragener Hypotheken finden zuvörderst die allgemeinen Vorschriften von Verpfändungen ausstehender Forderungen überhaupt Anwendung.

§ 516 : Außerdem gilt, wegen der Eintragung solcher Verpfändungen, alles das, was vorstehend wegen der Cessionen verordnet ist.

§ 517 : Die Kosten der Verpfändung und ihrer Eintragung muß, im Mangel besondrer Verabredungen, der Verpfänder tragen.

§ 518 : Die Kosten einer Cession und deren Eintragung müssen, wenn nichts Besonderes verabredet ist, von dem Cedenten und Cessionario zu gleichen Theilen getragen werden.

§ 519 : Hat jedoch der Schuldner wegen geschehener Aufkündigung sich um einen andern Gläubiger beworben: so muß, wenn nicht ein Anderes verabredet ist, der Schuldner die Cessions- und Eintragungskosten entrichten.

§ 520 : So weit der Anspruch, für welchen die Hypothek bestellt worden, getilgt wird, so weit erlöscht zwar in der Regel auch das dingliche Recht des Gläubigers.

§ 521 : Der Schuldner ist daher auch befugt, auf die Löschung der getilgten Post im Hypothekenbuche, nach Vorschrift der Hypothekenordnung, anzutragen.

§ 522 : Unterläßt er es aber, so kann er die Verhandlungen eines Dritten, worin derselbe mit dem eingetragenen Gläubiger redlicher Weise, auf den Glauben des Hypothekenbuchs, unter Beobachtung der gesetzlichen Vorschriften, sich eingelassen hat, zum Nachtheile dieses Dritten nicht anfechten.

§ 523 : Will daher der Schuldner, welchem der Gläubiger seinen Consens in die Löschung der eingetragenen Post versagt, gegen alle dergleichen Verfügungen des Gläubigers sich decken: so muß er, bis zum Austrage der Sache, seinen Widerspruch dagegen im Hypothekenbuche vermerken lassen.

§ 524 : Durch eine gehörig erfolgte Löschung wird das dingliche Recht des Gläubigers aufgehoben: auch wenn der Anspruch selbst, für welchen es bestellt worden, noch nicht getilgt wäre.

§ 525 : Die Einwilligung des Gläubigers in die Löschung ist also zum Beweise, daß die Schuld selbst getilgt sey, für sich allein noch nicht hinreichend.

§ 526 : Ist die Löschung einer eingetragenen Post zur Ungebühr erfolgt: so verliert zwar der Gläubiger dadurch noch nicht sein aus der Eintragung erhaltenes dingliches Recht.

§ 527 : Doch kann er davon zum Nachtheile derjenigen, welche sich erst nach erfolgter Löschung haben eintragen lassen, keinen Gebrauch machen.

§ 528 : Hingegen können diejenigen, welche zur Zeit der Löschung schon eingetragen

が採用され、BGB の規定に結実している[153]。

　なお、動産質権は、債権担保を目的として、目的物である動産の所有者と債権者による物権的合意と、動産所有者から債権者へ目的物の引渡しがなさ

---

waren, daraus keinen Vortheil ziehen.

§ 529：Wohl aber kommt eine solche Löschung denjenigen zu statten, welche sich eine nachstehende schon vorher eingetragene Forderung, erst nach erfolgter Löschung, abtreten oder verpfänden, und die Cession oder Verpfändung im Hypothekenbuche haben vermerken lassen.

§ 530：Gläubigern, die sich gar nicht haben eintragen lassen, kommt gegen den Inhaber einer eingetragen gewesenen Forderung, deren zur Ungebühr erfolgte Löschung nicht zu statten.

§ 531：Wegen alles aus einer ungebührlichen Löschung wirklich entstehenden Schadens, bleibt dem Hypothekengläubiger der Regreß an denjenigen, durch dessen Schuld selbige geschehen ist, vorbehalten.

§ 532：Die Kosten der Löschung ist, im Mangel besonderer Verabredungen, der gewesene Schuldner, oder wenn alsdann die Sache in den Händen eines dritten Besitzers sich befindet, dieser, mit Vorbehalt der Rückforderung von dem Schuldner, zu tragen verpflichtet.

§ 533：Hat der dritte Besitzer die Hypothekenschuld ausdrücklich mit übernommen: so kann er, wenn nichts Besonderes verabredet ist, die Löschungskosten von dem gewesenen Schuldner nicht zurückfordern.

§ 534：So lange eine im Hypothekenbuche eingetragene Forderung nicht wieder gelöscht worden, so lange kann die Verjährung derselben nicht angefangen werden.

§ 535：Doch findet das, was desfalls von Pfändern verordnet ist, auch bey Hypotheken Anwendung.

153) もっとも、実務においては、ほとんどの場合において、被担保債権の存在あるいはその近い将来の発生を前提として、土地担保権が設定される。また、抵当権よりも土地債務が多く利用されている。とりわけ土地債務の生成過程については、*Stephan Buchholz,* Zur Entstehung und Entwicklung der »abstrakten Hypothek«: die Grundschuld als Sonderform der Hypothek im ostelbischen Raum, in: Helmut Coing/Walter Wilhelm (Hrsg.), Wissenschaft und Kodifikation des Privatrechts im 19. Jahrhundert, Band Ⅲ: Die rechtliche und wirtschaftliche Entwicklung des Grundeigentums und Grundkredits, Frankfurt am Main 1976, S. 236 ff. を参照。

154) BGB § 1205 (1)：Zur Bestellung des Pfandrechts ist erforderlich, dass der Eigentümer die Sache dem Gläubiger übergibt und beide darüber einig sind, dass dem Gläubiger das Pfandrecht zustehen soll. Ist der Gläubiger im Besitz der Sache, so genügt die Einigung über die Entstehung des Pfandrechts.

(2)：Die Übergabe einer im mittelbaren Besitz des Eigentümers befindlichen Sache kann dadurch ersetzt werden, dass der Eigentümer den mittelbaren Besitz auf den Pfandgläubiger überträgt und die Verpfändung dem Besitzer anzeigt.

ドイツ民法典第 1205 条第 1 項：質権を設定するには、所有者が物を債権者に引き渡し、

れることによって成立する（BGB 1204 条・1205 条¹⁵⁴⁾）。また、用益質も認められている（BGB 1213 条¹⁵⁵⁾）。ただし、流質契約は許されない（BGB 1229 条¹⁵⁶⁾）。そして、動産質権の規定が、権利質権にも準用されている（BGB 1273 条¹⁵⁷⁾）。

6　地上権

(1)　法的性質

BGB に規定されているわけではないが、制限物権の一種として理解する

　かつ、質権が債権者に帰属することを当事者双方が合意しなければならない。債権者が物を占有するときは、質権の成立に関する合意があれば足りる。
　第 2 項：所有者が間接占有する物の引渡しは、所有者が間接占有を質権者に移転し、かつ、質権の設定を占有者に通知することをもって、これに代えることができる。

155) BGB § 1213 (1)：Das Pfandrecht kann in der Weise bestellt werden, dass der Pfandgläubiger berechtigt ist, die Nutzungen des Pfandes zu ziehen.
　(2)：Ist eine von Natur Frucht tragende Sache dem Pfandgläubiger zum Alleinbesitz übergeben, so ist im Zweifel anzunehmen, dass der Pfandgläubiger zum Fruchtbezug berechtigt sein soll.
　ドイツ民法典第 1213 条第 1 項：質権は、質物の用益を収取する権能を質権者に与える権利として、これを設定することができる。
　第 2 項：天然果実を生ずる物が質権者の単独占有に付された場合において、疑わしいときは、質権者が果実を収取する権能を有するものとする。

156) BGB § 1229：Eine vor dem Eintritt der Verkaufsberechtigung getroffene Vereinbarung, nach welcher dem Pfandgläubiger, falls er nicht oder nicht rechtzeitig befriedigt wird, das Eigentum an der Sache zufallen oder übertragen werden soll, ist nichtig.
　ドイツ民法典第 1229 条：質権者が満足を受けず、または適切な時期にこれを受けなかった場合に質物の所有権を質権者に帰属させ、または質権者に移転させる合意は、これが売却権の発生前に締結されたときは、無効とする。

157) BGB § 1273 (1)：Gegenstand des Pfandrechts kann auch ein Recht sein.
　(2)：Auf das Pfandrecht an Rechten finden die Vorschriften über das Pfandrecht an beweglichen Sachen entsprechende Anwendung, soweit sich nicht aus den §§ 1274 bis 1296 ein anderes ergibt. Die Anwendung der Vorschriften des § 1208 und des § 1213 Abs. 2 ist ausgeschlossen.
　ドイツ民法典第 1273 条第 1 項：権利も質権の目的とすることができる。
　第 2 項：動産質権に関する規定は、これを権利質権について準用する。ただし、第 1274 条から第 1296 条までの規定から別段の効果が生じるときは、この限りでない。第 1208 条および第 1213 条第 2 項の規定は、これを適用しない。

ことができる権利として、地上権がある[158]。地上権者は、他人が所有する土地上に工作物を建築し、その建築物を所有することができる（ErbbauRG（地上権法）1 条 1 項）。したがって、地上権は土地利用権ともとらえられる。もっとも、地上権の内容は、地上権者と土地所有者の合意によって定められる（ErbbauRG 2 条[159]）。合意がなされただけでは、債権としての性質を有するにすぎない。しかし、この合意内容が登記されることによって、その地上権が物権的効果を有することになる（ErbbauRG 14 条[160]以下）[161]。

(2)　制限物権

このように、地上権の目的は制限されているので、土地の階層所有権を認めていることにはならないが、実務においては、期間限定の土地所有権と理解されることもある。このため、地上権の法的性質、とりわけ物権法定主義との関係で地上権の物権的性質を検討する場合には、注意を要する[162]。

7　期待権

(1)　法的性質

そして、期待権も検討を要する。判例によると、期待権の成立要件は、あ

---

158) もともとは、地上権も BGB において定められていたが、現在では関連条文が BGB から削除されており（BGB 1012 条から 1017 条まで）、地上権法によって規律されている。

159) ErbbauRG § 2：Zum Inhalt des Erbbaurechts gehören auch Vereinbarungen des Grundstückseigentümers und des Erbbauberechtigten über:
1. die Errichtung, die Instandhaltung und die Verwendung des Bauwerks;
2. die Versicherung des Bauwerks und seinen Wiederaufbau im Falle der Zerstörung;
3. die Tragung der öffentlichen und privatrechtlichen Lasten und Abgaben;
4. eine Verpflichtung des Erbbauberechtigten, das Erbbaurecht beim Eintreten bestimmter Voraussetzungen auf den Grundstückseigentümer zu übertragen (Heimfall);
5. eine Verpflichtung des Erbbauberechtigten zur Zahlung von Vertragsstrafen;
6. die Einräumung eines Vorrechts für den Erbbauberechtigten auf Erneuerung des Erbbaurechts nach dessen Ablauf;
7. eine Verpflichtung des Grundstückseigentümers, das Grundstück an den jeweiligen Erbbauberechtigten zu verkaufen.

る権利の成立要件が複数ある場合に、そのうちの多くの要件がすでに充足されていて、その権利を取得しようとしている者の法的地位を容易に侵害することができないこと、とされている[163]。

⑵　**絶対効**

　その典型例は、所有権留保の場面によくみられる。所有権留保の買主に期待権が発生すると、売主が中間処分をしたとしても、期待権者である買主は保護される（BGB 160 条以下）[164]。また、期待権者は、占有の保護を受けることもできるし（BGB 985 条[165]以下）、不法行為に基づく損害を受けた場合には損害賠償を求めることもできる（BGB 823 条[166]）。

　このように、期待権は物権と類似した性質を有している。しかし、期待権は BGB に定められているわけではない。このため、物権法定主義や物権債権峻別論との関係で問題となる。

---

160) ErbbauRG § 14 (1)：Für das Erbbaurecht wird bei der Eintragung in das Grundbuch von Amts wegen ein besonderes Grundbuchblatt（Erbbaugrundbuch）angelegt. Im Erbbaugrundbuch sind auch der Eigentümer und jeder spätere Erwerber des Grundstücks zu vermerken. Zur näheren Bezeichnung des Inhalts des Erbbaurechts kann auf die Eintragungsbewilligung Bezug genommen werden.
　(2)：Bei der Eintragung im Grundbuch des Grundstücks ist zur näheren Bezeichnung des Inhalts des Erbbaurechts auf das Erbbaugrundbuch Bezug zu nehmen.
　(3)：Das Erbbaugrundbuch ist für das Erbbaurecht das Grundbuch im Sinne des Bürgerlichen Gesetzbuchs. Die Eintragung eines neuen Erbbauberechtigten ist unverzüglich auf dem Blatte des Grundstücks zu vermerken. Bei Wohnungs- und Teilerbbauberechtigten wird der Vermerk durch Bezugnahme auf die Wohnungs- und Teilerbbaugrundbücher ersetzt.
　(4)：Die Landesregierungen werden ermächtigt, durch Rechtsverordnung zu bestimmen, dass die Vermerke nach Absatz 1 Satz 2 und Absatz 3 Satz 2 automatisiert angebracht werden, wenn das Grundbuch und das Erbbaugrundbuch als Datenbankgrundbuch geführt werden. Die Anordnung kann auf einzelne Grundbuchämter sowie auf einzelne Grundbuchblätter beschränkt werden. Die Landesregierungen können die Ermächtigung durch Rechtsverordnung auf die Landesjustizverwaltungen übertragen.
161) この点につき、*Heß*, a.a.O. 111, S. 497 f. を参照。
162) とくに、*Kern*, a.a.O. 27, S. 123 f. を参照。
163) BGH NJW 1955, 544 f. を参照。

8　処分制限

(1)　法的性質

　また、異なる視点から、処分制限を検討する余地もある。BGB 137 条 1 文は、譲渡することのできる権利について、それを処分する権限を法律行為によって排除したり制限したりすることを認めない。たとえば、契約に基づいて処分の制限がなされている目的物について、その所有者がその物を第三者に譲渡してしまったとしても、第三者の所有権取得は妨げられない、という

---

164) 所有権留保における買主は、とりわけ BGB 161 条に基づく保護を受けることができる。また、倒産事例との関係も重要である（InsO（倒産法）107 条）。
　　InsO § 107 (1)：Hat vor der Eröffnung des Insolvenzverfahrens der Schuldner eine bewegliche Sache unter Eigentumsvorbehalt verkauft und dem Käufer den Besitz an der Sache übertragen, so kann der Käufer die Erfüllung des Kaufvertrages verlangen. Dies gilt auch, wenn der Schuldner dem Käufer gegenüber weitere Verpflichtungen übernommen hat und diese nicht oder nicht vollständig erfüllt sind.
　　(2)：Vor der Eröffnung des Insolvenzverfahrens der Schuldner eine bewegliche Sache unter Eigentumsvorbehalt gekauft und vom Verkäufer den Besitz an der Sache erlangt, so braucht der Insolvenzverwalter, den der Verkäufer zur Ausübung des Wahlrechts aufgefordert hat, die Erklärung nach § 103 Abs. 2 Satz 2 erst unverzüglich nach dem Berichtstermin abzugeben. Dies gilt nicht, wenn in der Zeit bis zum Berichtstermin eine erhebliche Verminderung des Wertes der Sache zu erwarten ist und der Gläubiger den Verwalter auf diesen Umstand hingewiesen hat.
165) BGB § 985：Der Eigentümer kann von dem Besitzer die Herausgabe der Sache verlangen.
　　ドイツ民法典第 985 条：所有者は、占有者に対して物の返還を請求することができる。
166) BGB § 823 (1)：Wer vorsätzlich oder fahrlässig das Leben, den Körper, die Gesundheit, die Freiheit, das Eigentum oder ein sonstiges Recht eines anderen widerrechtlich verletzt, ist dem anderen zum Ersatz des daraus entstehenden Schadens verpflichtet.
　　(2)：Die gleiche Verpflichtung trifft denjenigen, welcher gegen ein den Schutz eines anderen bezweckendes Gesetz verstößt. Ist nach dem Inhalt des Gesetzes ein Verstoß gegen dieses auch ohne Verschulden möglich, so tritt die Ersatzpflicht nur im Falle des Verschuldens ein.
　　ドイツ民法典第 823 条第 1 項：故意または過失により他人の生命、身体、健康、自由、所有権またはその他の権利を違法に侵害した者は、その他人に対し、これによって生じた損害を賠償する義務を負う。
　　第 2 項：他人の保護を目的とする法律に違反した者も、前項と同様である。法律の内容によれば有責性がなくても違反を生じる場合には、賠償義務は、有責性があるときに限り生じる。

ことになる[167]。

(2) 絶対効

ただし、契約に基づく処分制限は、債務法上の義務としては有効である（BGB 137条2文）。このため、所有者はこの債務法上の義務を履行するためにその物を譲渡しない、という契機が生じる。このことを積極的にとらえるならば、処分制限を課した者からすれば、処分制限のなされた物について、一定の物権的な権限を有しているのと同様の状況が生み出される、とも評価できる。

9 物権変動

(1) 分離主義

ここまで、BGBなどに定められている各種の物権を検討してきた。それでは、BGBにおける物権変動の要件はどのように定められているのか。

まず、物権行為の法的位置づけが重要である。というのも、物権行為の独自性と無因性が、ドイツ法における物権変動システムの有意な特徴となっているからである。物権行為をたんなる法律行為とのみとらえるのは、正しくない。物権行為を成立させるためには、方式要件が求められるし、また、公示とも密接に結びついている。

物権行為の独自性を肯定するということ、すなわち分離主義を採用するということは、原因行為としての債権行為がなされただけでは物権変動の効果を生じさせない、という帰結にいたる。これに対して、債権行為の成立のみによって物権変動の効果が発生することを認める考え方は、一体主義の採用あるいは物権行為の独自性の否定、ということになる。

物権債権峻別論を採用する立場からすれば、物権と債権は異なるレベルの問題とされるのであるから、物権行為と債権行為も異なるレベルの概念であ

---

167) 法律行為に基づく処分制限については、*Christian Berger*, Rechtsgeschäftliche Verfügungsbeschränkungen, Tübingen 1998, S. 66 ff. を参照。

るとするのが、素直な理解となろう。

　さらにおし進めて、契約自由の観点からも、物権行為の独自性を肯定する根拠を見出すことができる。というのは、売買契約に代表される債権行為の成立にあたって重要なのは、自由な当事者間における債権的意思表示の合致であって、そこには物権的要素は介入しないからである。このことは、物権が物権法定主義に服することにかんがみても、よく理解されるであろう。物権法定主義のもとでは、物権の種類や内容が制限されており、そこでは、物権変動を発生させるために必要な物権行為としての処分行為を行うにあたっての当事者の自由も制限されている、と考えられるからである[168]。

(2)　無因主義

　ドイツ法は、物権と債権をできる限り峻別しようとする。このため、法律行為についても物権法のレベルと債権法のレベルを区別する。これが分離主義である。そして、ドイツ法は、この分離主義をさらに進めて、物権行為の無因性を肯定する。つまり、無因主義の採用である[169]。

　たとえば、土地甲の所有権について売主Aと買主Bの間で売買契約が締結され（BGB 311b条・433条[170]）、さらにすべての要件を満たして土地甲の所有権がBに譲渡されたところ（BGB 873条・925条・925a条）、AがBの錯誤を理由として売買契約を取り消した場合（BGB 119条[171]）、無因主義によれば、土地甲の所有権はBにとどまる。ここでは原因行為としての売買契約を構成する意思表示が取り消されたにすぎず、処分行為としての譲渡行為が取り消されたわけではないし、かつ、債権行為の有効性は物権行為の有効性に影響

---

168)　物権法定主義と処分行為としての物権行為との関係については、*Kern*, a.a.O. 27, S. 129 f. を参照。これによれば、原因行為としての債権行為をも物権変動を発生させるための一要件とすることが、当事者間において合意されている場合には、その債権行為もまた設権的効果を有する、とされる。また、物権変動を生じさせるように相手方に求める債権の発生を目的とした当事者間の合意がなされることもありうるところ、これらはいずれも、物権法のレベルに契約自由の原則を導入することにもつながる、とされる。この見解に従うのであれば、一体主義を採用しないからといって、物権行為における契約自由の原則が完全に否定されることにはならない、ということになる。以上の点については、とりわけ、*Kern*, a.a.O. 27, S. 130 を参照。

を与えないからである。

　したがって、甲の所有権について第三者ＣがＢと売買契約を締結し、土地所有権の譲渡に関するすべての要件を満たした場合には、Ｃは甲の所有権を

---

169) もっとも、BGB において無因主義を明確に定める規定はない。しかし、不当利得に関する規定（BGB 812 条以下）の存在とその解釈からも、ドイツ法が分離主義を採用していることは明らかである。

BGB § 812（1）：Wer durch die Leistung eines anderen oder in sonstiger Weise auf dessen Kosten etwas ohne rechtlichen Grund erlangt, ist ihm zur Herausgabe verpflichtet. Diese Verpflichtung besteht auch dann, wenn der rechtliche Grund später wegfällt oder der mit einer Leistung nach dem Inhalt des Rechtsgeschäfts bezweckte Erfolg nicht eintritt.

（2）：Als Leistung gilt auch die durch Vertrag erfolgte Anerkennung des Bestehens oder des Nichtbestehens eines Schuldverhältnisses.

ドイツ民法典第 812 条第 1 項：他人の給付により、または、その他の方法により、他人の費用で法的な理由なくなにかを取得する者は、その他人に返還を義務づけられる。この義務は、法的な理由が後に脱落するとき、または、法律行為の内容に従った給付で目的とされた効果が発生しないときにも存する。

第 2 項：債務関係の存在または不存在に関して契約によって生じた承認も、給付とみなされる。

170) BGB § 433（1）：Durch den Kaufvertrag wird der Verkäufer einer Sache verpflichtet, dem Käufer die Sache zu übergeben und das Eigentum an der Sache zu verschaffen. Der Verkäufer hat dem Käufer die Sache frei von Sach- und Rechtsmängeln zu verschaffen.

（2）：Der Käufer ist verpflichtet, dem Verkäufer den vereinbarten Kaufpreis zu zahlen und die gekaufte Sache abzunehmen.

ドイツ民法典第 433 条第 1 項：売買契約により、物の売主は、買主に物を引き渡し、所有権を取得させる義務を負う。売主は、買主に物の瑕疵または権利の瑕疵のない物を取得させる義務を負う。

第 2 項：買主は、合意された売買代金を支払い、買い受けた物を引き取る義務を負う。

171) BGB § 119（1）：Wer bei der Abgabe einer Willenserklärung über deren Inhalt im Irrtum war oder eine Erklärung dieses Inhalts überhaupt nicht abgeben wollte, kann die Erklärung anfechten, wenn anzunehmen ist, dass er sie bei Kenntnis der Sachlage und bei verständiger Würdigung des Falles nicht abgegeben haben würde.

（2）：Als Irrtum über den Inhalt der Erklärung gilt auch der Irrtum über solche Eigenschaften der Person oder der Sache, die im Verkehr als wesentlich angesehen werden.

ドイツ民法典第 119 条第 1 項：意思表示をした際にその内容に関して錯誤にあった者、または、その内容の表示を一般にするつもりがなかった者は、実情を知っていたかまたはその事実を合理的に評価していれば意思表示をしなかったであろうと推測されるとき、その表示を取り消すことができる。

第 2 項：取引で本質的とみなされる人または物の特性に関する錯誤も、表示の内容に関する錯誤とみなされる。

Bから承継取得することになる。錯誤に基づくAによる取消しの後も、Bはいぜんとして甲の所有者のままだったからである[172]。

このように、ドイツ法は物権行為の独自性のみならず無因性をも採用している。このことは、契約自由の原則との関係を考察する上でも重要な視点を与える。物権行為も法律行為であるから、総則に配置されている法律行為に関する規定が原則として適用されることになる。

また、契約自由の原則も同じく適用されるものと考えられる。しかし、物権行為の成立要件として方式が求められていることが多い[173]。そうすると、契約自由の原則はそれだけ制限されることになる。物権行為から独立した債権行為の中で、契約自由の原則がいかされるというわけである。物権行為の独自性と無因性の採用は物権法定主義をより強固に守ることにつながりうる、とも評価できるだろう[174]。

(3) 効力要件主義

そして、ドイツ法は、物権変動の要件として、物権的合意のみならず公示をも求める。すなわち、効力要件主義の採用である。目的物が土地の場合には登記が（BGB 873条1項）、動産の場合には引渡しが要件とされている（BGB 929条）。物権行為は法律行為であるが、公示をすること自体は事実行為である。また、条文においても、物権的合意と登記または引渡しは別々の行為として区別されている（BGB 873条1項・929条）。

---

172) これに対して、一体主義、または、分離主義をとりつつも有因主義を採用するのであれば、Aによる意思表示の取消しによってAB間の売買契約が無効になるとともに、甲の所有権はAから移転しなかったことになる。したがって、Cの所有権取得を認めるためには、登記に公信力を付与するか、あるいは、権利外観法理に基づく解釈論（民法94条2項の類推適用など）を検討する必要がある。もっとも、登記に公信力を認めるのであれば、Aの帰責事由は原則として問題とされず、権利外観法理に基づく解釈論を採用するのであれば、Aの帰責事由とCの主観的要件のバランスが重視されることになる。この点は、要件論としても効果論としても、大きな違いをもたらす。

173) たとえば、BGB 925条1項1文は、土地所有権移転のための物権的合意について、譲渡人と譲受人がともに管轄官庁に赴いてそれを行うことを求めている。

174) 物権法定主義と物権行為の関係については、*Kern*, a.a.O. 27, S. 130 を参照。もっとも、物権行為において契約自由の原則がまったく適用されないということではない。

　もっとも、登記と引渡しは、いずれも公示方法の１つではあるけれども、それぞれの法的性質は大きく異なっている。登記は、その内容や手続がGBO（土地登記法）をはじめとした関連法規によって厳格に定められている。しかし、引渡しは、当事者間における直接占有の移転によってなされる。さらに、占有改定（BGB 930条）と返還請求権の譲渡（BGB 931条）が、代替的引渡しとして認められている。これらは間接占有の移転しかもたらさない。このため、目的物の直接占有の状態は、物権の帰属状態をかならずしも表すわけではない。これに対して、土地の物権変動において代替的登記は許されていない。

　また、物権変動の成立要件の観点からすれば、登記や引渡しは方式要件である。ただし、このことは、原因行為や処分行為に方式が求められていること[175]とは異なる（BGB 311b条１項・925条１項）。登記や引渡しは事実行為であるけれども、原因行為や処分行為は法律行為だからである。したがって、ドイツ法における物権変動の成立要件としては、方式が定められた原因行為と処分行為が求められているとともに、事実行為として登記や引渡しも求められている、というべきであろう。

10　物権債権峻別論

(1)　所有権と制限物権の相違

　ここまで、BGBにおける物権債権峻別論をめぐる問題について、とくに物権概念の内容に着目しつつ検討してきた。BGBは、絶対効を有する典型的な物権として所有権を措定した。その上で、所有権の権能をまさに制限する権利として、制限物権を位置づけた。

　つまり、所有権を上位概念として措定し、その下位概念として制限物権を

---

175)　BGB 311b条１項は、土地所有権の移転を義務づける原因行為について、公正証書を作成することを求めている。つまり、ここでは書式が求められている。これに対して、BGB 925条は、土地所有権の譲渡についての処分行為を行うにあたり、当事者が管轄官庁においてそれを表示することを求めている。ここでは、書式ではなく、所定の手続が求められている。もっとも、いずれも意思表示だけでは要件を満たさないという点において、方式要件が定められていると理解することができる。

配している。このため、ある物についての制限物権が消滅すれば、その物についての円満な所有権が回復されることになる。このように、所有権と制限物権は、いずれも物権であるとはいえ、物権法体系におけるその意義は大きく異なっているのである。

⑵ 物権法定主義との関係

所有権を中核概念として物権法体系を構築し、所有権と対置するかたちで制限物権を配することができれば、物権法定主義をより採用しやすくなる。というのは、所有権の権能以上に強い効果を有する物権を観念することができなくなり、かつ、所有権の権能を制限する方向にしか新たな物権の内容を考えることができないからである[176]。

⑶ 物権行為との関係

また、ドイツ法は、物権行為の独自性と無因性を肯定することによって、つまり分離主義と無因主義の採用によって、物権法定主義の内容をさらに明確化している。さらに、物権変動の要件として方式も求められている（BGB 925 条 1 項）。このため、物権法の領域においては契約自由の原則が制限されている、と評価することができる。なぜならば、方式要件を満たさない物権行為は、無効とされるからである（BGB 925 条 1 項）[177]。

⑷ 物権法定主義と分離主義・無因主義の相互作用

このように、ドイツ法が、物権法定主義のみならず分離主義と無因主義をも採用していることは、土地債務や譲渡担保の実務における発展を促したともいえよう。というのは、土地債務は付従性を有しない土地担保権であり、譲渡担保は形式的には所有権譲渡であるにもかかわらず実質的には担保権設

---

176) 制限物権と物権法定主義の関係については、*Gierke*, a.a.O. 117, S. 324 などを参照。
177) この点につき、*Gierke*, a.a.O. 117, S. 281 f. などを参照。なお、BGB 925 条 2 項によれば、条件や期限を付した Auflassung は無効である。物権行為も法律行為であるから、法律行為に関する民法総則の諸規定が物権行為にも原則として適用される。しかしながら、このことと契約自由の制限は矛盾しない。

定であるという点において、前者は原因行為と処分行為の分離を、後者は形式と実質の分離を、それぞれもたらしているからである[178]。

　たしかに、物権法定主義の採用によって、法律に定められていない物権の創設は原則として認められなくなる。しかし、主として実務における経済的な需要に基づいて新たな物権的権利が社会に根づいてくると、立法または判例により、その物権的権利がまさに物権法定主義においても許容される物権として認められる可能性が出てくる。

　その認定にあたって、分離主義と無因主義は、対象となる物権的権利を原因または目的と切り離すことに寄与する。そうすると、その物権的権利を必要最低限の法的効果に限定することにより、その他の権利または概念への影響をより抑えることができる。こうして、新たな物権をより創設しやすい状況を生み出しているのである[179]。

---

178) 物権行為の独自性と制限物権の関係については、*Theo Guhl*, Die verselbständigung der dinglichen Rechte im schweizerischen Zivilgesetzbuch, in: Festgabe der Juristischen Fakultät der Universität Bern für Eugen Huber zum siebzigsten Geburtstage, Bern 1919, S. 55 ff. などを参照。

179) 分離主義と無因主義が物権法定主義とあいまってもたらす影響について、*Kern*, a.a. O. 27, S. 131 ff. を参照。

七　評　価

1　ローマ法

(1)　共和政前期

　現代法における物権債権峻別論は、これをローマ法における概念と比較してとらえると、ローマ法においてどのような展開がみられたのか。本書の問題意識との関連では、とりわけ、物権概念がローマ法においてどのように理解されていたのかが、重要な課題となる。

　共和政前期においては、所有権と制限物権の区別はなかった。それどころか、所有権概念そのものが曖昧であった。所有権として把握されるものとして、res mancipi と res nec mancipi の存在が認められた。所有権の保護の観点からしても、当時の所有権は絶対的な効果をもっていたとはいえず、相対的な効果しか有しなかった。

　その移転方法はどうか。res mancipi を移転するためには、mancipatio とともに、証人と秤をもつ者の存在が求められた。これに対して、res nec mancipi を移転するためには、原因行為と traditio が要件とされていた。もっとも、traditio は処分行為とは認められておらず、その効果は causa があったかなかったかによるものとされた。

　このように、目的物に応じた所有権の内容がそれぞれで異なり、かつ、それぞれの所有権の移転方式も異なっていた。このため、所有権概念の曖昧さが際立つことになったのである。したがって、制限物権との境界も明らかではなかったのであるから、物権法定主義が確立することもなかった。

(2)　共和政後期

　共和政後期においては、共和政前期とは異なり、所有権概念の厳格化が図

られた。所有権は絶対性をもつ権利として構成され、その内容も明確化され
た[180]。このため、制限物権との区別も明らかとなった。さらには、目的物を
たんに事実上支配しているにすぎない占有との違いも、認識されていた。

　所有権の移転方法にも、共和政前期との違いがみられる。すなわち、res
mancipi を、無方式の traditio によって移転することも認められるように
なった。そして、res mancipi の移転方法としても認められるようになった
traditio は、次第にその法的効力が高められるようになっていく。また、
traditio によって所有権を得た者は、第三者との関係においても保護を受け
られるようになった。このため、共和政後期における所有権には絶対性が認
められていたということができる[181]。

(3)　古典期

　このように、共和政の時代において、所有権概念の明確化が次第に図られ
ていったのに対して、古典期に入ると、実生活と法理論を接合することが強
調された結果、所有権と占有の区別が相対化され、所有権と制限物権の違い
も緩やかに解されるようになった。

　このため、物権と債権の区別や、処分行為と原因行為の区別も、意識され
なくなっていった。実生活における具体的な慣行を重視する傾向は、所有権
の移転方法にも影響を与えた。in iure cessio や mancipatio は不要とされ、
traditio の存在のみが認められた。そして、この traditio さえも所有権移転の
ための不可欠の要件とはとらえられなくなり、結果として、売買契約などの
債権法上の行為から直接、所有権移転の効果が発生するようになった。

---

180)　もっとも、不動産と動産の区別や、所有権の内容については、現代法におけるそれら
　　と完全に一致するわけではない。この点につき、*Kaser*, a.a.O. 46, S. 11 ff. を参照。
181)　ただし、traditio は causa の存在を前提とする概念であった。したがって、traditio と
　　処分行為の関係性を検討するためには、causa と処分行為との関連をも視野に入れなけ
　　ればならない。すなわち、traditio それ自体が単独で処分行為として把握されていたわ
　　けではないのである。

⑷　**ユスティニアス法典**

　そして、ユスティニアス法典によって、共和政時代に培われた法理論の復活とともに、その法理論と古典期に重視された実務慣行との一体化と体系化が図られることになった。具体的には、所有権と占有の区別が厳格化され、権利と外観の不一致も承認された。

　もっとも、所有権の移転方法については、mancipatio ではなく traditio によるものとされ、しかも、この traditio は抽象化された。すなわち、代金の支払や目的物の引渡しがなされる前の段階においても traditio が抽象的になされることが認められ、その抽象化された traditio によって所有権移転の効果が承認されることになったのである。

⑸　**所有権概念の明確性**

　以上のように、物権概念の独立性の観点から物権債権峻別論を検討するという目的にてらして、ローマ法をみてみると、所有権概念がかなりのレベルで明確に理解されていたことがわかる。さらに、所有権の移転方法についても、traditio を中心とした理論構成を通じて、売買契約と所有権移転との異同が意識されるとともに、実務慣行との関連性も重視しつつ、柔軟な理解がなされていたのである。

2　ゲルマン法

⑴　**Gewere**

　ゲルマン法における物権概念を理解するためには、Gewere の分析が不可欠である。Gewere は、物権そのものであり、かつ、物権の公示でもあった。その内容は、現代における所有権と同視することができる場合もあれば、制限物権にすぎない場合もあった。つまり、Gewere は、場面に応じて多義的な概念であった。

　この点において、Gewere は、所有権と制限物権を区別する思考方法に対して一定の距離をもつことになる。したがって、物権法定主義の観点からし

ても、とりわけ物権の種類を限定することが難しくなる、という傾向がみられよう。

　また、Gewere は物権そのものであるから、物権を移転させるには Gewere の移転が求められた。もっとも、土地所有権を移転するために必要な Gewere の放棄と取得にあたっては、処分行為に相当する sala と儀式的な行為である investitura も要した[182]。

(2)　物権の拡張

　以上のように、もともと、Gewere が認められるには、目的物を直接支配する必要があった。しかし、その後、間接的な支配に基づく Gewere も認められるようになった。

　さらには、土地所有権の移転にあたって必要な investitura が簡素化され、象徴的なものにすぎなくなっていく。そうすると、Gewere と目的物の関係性も希薄なものとなっていき、Gewere が物権そのものを表象していた当初の法状況は次第に変化していくことになった。その結果、Gewere によって物権の帰属状態と目的物の直接占有の状態が一致しなくなった。物権の種類は制限されるどころか、Gewere が、物権の種類やその性質が拡張されるきっかけを築くことになったのである。

3　ローマ法の継受

(1)　物権債権峻別論の基礎

　ゲルマン法は所有権と他物権の相違を認識していなかった。そこでは、所有権は重層的な様相を呈しており、いわゆる完全な所有権と利用権しか有しない所有権とが混在していたとも評価することができる[183]。

　これに対して、ローマ法の継受を通じてそれが適用されることとなった普

---

182)　とりわけ investitura（インヴェスティトゥーラ）は、その後の公示制度の発展にとっても重要な意義を有する。また、Gewere の放棄は、BGB における Auflassung にもつながりうる。

通法は、物権と債権を区別し、さらに物権の種類を限定していた。もっとも、物権の帰属状態の公示には重きがおかれなかった。

⑵　公示の弱体化

　ローマ法が継受されたことにより、物権債権峻別論の基礎がさらに固められ、物権法定主義の内容がさらに深められた。この点において、ローマ法の継受によってもたらされた法制史上の意義は大きい。しかし、物権の公示力が弱められたことも想起されるべきであろう。

4　自然法

⑴　公示の強化

　ゲルマン法がローマ法の継受によって一定の修正を施され、usus modernus pandectarum が生じる。そこで重要な役割を果たしたのが、自然法であった。自然法は、体系的思考を重視していた。このため、その後のさまざまな法典編纂の基礎ともなった。また、自然法は公示も重んじた。

　この自然法における体系的思考と公示の重要性は、物権と債権の概念にも影響を与えた。というのは、権利概念の体系的整理がなされるにあたって、公示することのできる権利すべてに絶対性を有する道が開かれるからである。すなわち、物権か債権かといったかたちにとらわれることなく、公示することが可能かどうかが決定的な基準となった[184]。

⑵　所有権

　自然法における所有権概念は、完全な権利として厳格に定義された。このため、制限物権の存在は抑制的に認められるにすぎなかった。この限りで、

183）　ローマ法上の dominim directum（本来的な所有権）と dominium utile（利用しうる所有権）が、それぞれ、ゲルマン法上の上級所有権と下級所有権に対応する、とみることもできる。
184）　その上で、あらゆる権利が人的関係に収斂されるようになっていった。

物権の種類は限定されることになる。

　もっとも、自然法においては、公示の必要性を重んじる傾向があった。したがって、公示された権利に絶対効が付与され、その絶対効を有する権利も物権として扱われるのであれば、物権の種類がむしろ拡張される方向に寄与するともいえよう。

(3) ALR

　自然法の時代における画期的な立法例が、ALR である。とくに物権債権峻別論との関係では、ius ad rem の位置づけはきわめて重要である。ius ad rem は絶対効を有する債権であり、第三者の悪意を要件としてその効果が認められる[185]。もっとも、ius ad rem を有する者が目的物の直接占有者である場合には第三者の悪意が認定されやすいが、ius ad rem を有する者が目的物を直接占有していない場合には第三者の悪意が認定されずに結果として絶対効が生じないことが多い。

　また、自然法時代の立法例においては、動産の譲渡のみならず土地を譲渡するにあたっても、当初は引渡しが効力要件とされた。土地担保権を対象とした登記制度の発展に伴い、土地所有権の移転についても登記が活用されることになったが、それも当初は対抗要件にすぎず、取引当事者間において、登記は効力要件ではなかった。

　もっとも、その後、登記は土地所有権移転のための効力要件として採用されるにいたる。登記の効力要件化は、処分行為と公示の結合を促進し、義務負担行為と処分行為の遮断を促す[186]。そして、登記が権利変動の事実と物権の帰属状態を示すことにより、登記された権利に絶対効を付与することが認められると、そこから物権の種類を拡張する方向性が導き出される[187]。

---

185) ius ad rem が有する法的性質は物権がもつそれと近似することから、物権の種類が拡張されたと評価することもできないわけではない。しかし、ius ad rem はあくまで対人権であるから、債権である。対物権ではない。したがって、その効果が絶対的であるからといって、そこから帰納的に物権と位置づけることはできない。

186) 登記の効力要件化は、登記官の審査権限を形式的な内容に制限することにも寄与した。

⑷　物権債権峻別論との関係

　自然法の時代における啓蒙思想と資本主義の関係、そして、処分行為と公示制度の関係は、当初は物権と債権の境界を曖昧なものにしつつ物権の種類を拡大させたけれども、その後、さらなる公示制度の発展に伴って、反対に物権の種類を限定し、物権と債権の区別を明確にする方向性にも寄与した。このように、物権と債権の区別にあたって相反する潮流を生み出したことは、自然法の時代の顕著な特徴といえる。

5　BGB

⑴　原　則

　ドイツ法は、BGB の成立により、物権債権峻別論を採用することを明確に標榜した。典型的な物権として、絶対性を有する所有権を物権法体系の中心にすえた上で、所有権以外の物権を制限物権として配置し、かつ、物権の種類を制限した。そして、法律行為のレベルにおいても、物権行為と債権行為を区別し、それぞれの独自性と無因性を認めた。さらに、物権変動の効力発生要件として登記や引渡しといった公示を求めることにより、物権変動と物権の帰属状態の齟齬をなくして、物権の絶対性をより高めることとした。

⑵　制限物権

　物権法定主義に基づいて、BGB に定められている制限物権は、以下の通りである。すなわち、役権としてまとめられる地役権・制限的人役権・用益権、先買権、物的負担、担保権としてまとめられる抵当権・土地債務・定期土地債務である。これらのうち用益権以外は、いずれも土地のみを目的物とする。そして、動産を目的物とすることのできる制限物権は、用益権と質権のみで

187）また、自然法時代における啓蒙思想の影響も考慮されなければならない。これにより、人的関係と物的関係の分離が促された。とりわけ、土地の上級所有権と下級所有権の区別を廃止するか、あるいは、相対化する方向へと、啓蒙思想は寄与したのである。このことは、土地所有権と制限物権の区別を促進することにも影響を与えた。

ある。質権は、土地を対象とすることはできない。

(3)　物権債権峻別論との関係

　これら制限物権に加えて、特別法に定められている地上権、物権とは明確に位置づけられてはいないけれども BGB に定められてはいる処分制限、および、法定されていない期待権を、物権に類似した権利として、本書における分析の対象とした。とりわけ、BGB にも特別法にも物権として定められていないにもかかわらず、解釈論あるいは実務において絶対性が認められている諸権利は、物権債権峻別論との緊張関係を生み出す契機となる[188]。

　BGB における物権変動の効力発生要件は、原因行為としての債権行為とは区別された、処分行為としての物権行為の存在と、公示である。物権行為について分離主義のみならず無因主義も採用されることによって、物権債権峻別論は法律行為のレベルでも貫徹される。そして、方式要件の存在と公示の必要性は、契約自由の原則とも距離をおくこととなる。このため、物権法の分野は、契約自由の原則が適用される債権法の分野からさらに区別されることになる。

　このような物権債権峻別論を徹底しようとする BGB の立法当初の態度と比較して、実際には今日、BGB においてもさまざまな物権類似の権利が散見される。しかも、それら諸権利は解釈論上も絶対性を有する権利として認められている。このため、ドイツ現行法においてはたして物権債権峻別論が徹底されていると評価することができるのか、疑問が残る。

---

188)　土地所有権の二重売買における第一買主から第二買主に対する良俗違反の不法行為に基づく損害賠償請求権（BGB 826 条）についても、所定の要件を充足することによって第二買主から第一買主への目的物の直接の引渡しが基礎づけられることを、判例は認めている。この点につき、RGZ 108, 58 f. を参照。

八 おわりに

1 結 論

(1) 日本法における物権債権峻別論

　日本の民法典は、物権編と債権編を区別している。このことから、日本法もドイツ法と同じく物権債権峻別論を採用している、といわれてきた。しかし、物権の法的性質として直接性・絶対性・排他性を、債権のそれとして間接性・相対性・非排他性を、それぞれ所与の前提とするのであれば、日本法における物権債権峻別論はきわめて曖昧な内容となっている。

　また、日本法は物権法定主義を採用している（民法 175 条）。物権が上記の性質を有するがゆえに、それが第三者に与える影響が大きいことから、物権の種類と数を限定する必要がある。しかし、この物権法定主義に反するように思われる権利が、解釈論上、多く認められている[189]。

　さらに、物権の典型例は所有権であり、債権のそれは金銭債権であると目されるところ、これら典型的な権利さえも、物権あるいは債権の典型的な性質をそのまま有しているとは限らないのではないか。

　そこで、これらの問題を自覚的に意識した上で、日本法の物権債権峻別論が実際にはどの程度維持あるいは捨て去られているのか、ドイツ法の分析をふまえて、本書の結論として、提示することとしよう。

(2) 物権債権峻別論批判

　物権の典型例である所有権は、物権の性質とされる直接性・絶対性・排他性を有するとされるが、あらゆる所有権にこれらがすべて認められるわけで

---

189) たとえば、判例による譲渡担保権の承認をあげることができる。この点については、大判大 3・11・2 民録 20・865 以下などを参照。

はない。また、債権の典型例である金銭債権の性質は間接性・相対性・非排他性にいつもとどまる、というわけではかならずしもない。

　もちろん、これら典型的な性質がいつでもすべて認められるわけではないからといって、所有権の物権性と金銭債権の債権性が即座に否定されるべきではない。諸権利をある一定の基準に従ってカテゴリーに分けると、各カテゴリーに配することのできない権利が生じることは避けられない。

　しかしながら、物権債権峻別論におけるその判断基準は、はたして明確であろうか。問題は、結果としてのカテゴリーではなく、そのカテゴライズの判断基準である。判断基準が明確でなければ、恣意的な判断を助長することになり、その結果としての物権や債権の法的性質、あるいは、各権利・各権限の要件・効果に大きな影響を与える。

　したがって、物権と債権を分ける判断基準を批判的に分析する作業が不可欠である。それには、まず、物権法定主義の意義を確認することを要する。そして、物権の典型例である所有権と債権のそれである金銭債権の法的位置づけを整理した上で、物権であるにもかかわらず物権の典型的性質を欠いている諸権利と、債権であるにもかかわらず第三者への影響が認められている諸権利とを、それぞれ具体的に検討することが必要である。

　物権であるにもかかわらず相対性しかもたない権利として、対抗力を有しない物権がある。具体例として、登記を備えていない不動産所有権や、引渡しを受けていない動産所有権をあげることができる。

　また、絶対性を有する債権として、ius ad rem をあげることができる。すなわち、仮登記された請求権、債権者代位権・債権者取消権が行使されたケース、対抗要件を備えた賃借権、および、第三者による債権侵害のケースである。

　これらそれぞれのケースにおいて、物権と債権の区別は明確な基準に基づいて判断されているだろうか。あるいは、物権であるにもかかわらずその性質を制限し、債権であるにもかかわらずその効果を拡張する際の、それぞれの判断基準はなにか。はたして、そこに統一的基準を析出することはできるだろうか。

　たしかに、物権のみならず債権の場合にも、売買契約に基づく債権のように、実質的な観点からすれば目的物が存在することがあり、賃借権もその典型といえる。しかし、目的物の存在だけでは、債権の排他性を認めることはできない。なぜならば、第三者による雇用契約の侵害のように、目的物が存在しないにもかかわらず、債権に排他性が認められることがあるからである[190]。

　すなわち、物権は直接性をもち、債権は間接性しか有しない、ということは明らかであるけれども、物権であるからといって排他性や絶対性を有するとは限らないし、債権であるからといって排他性や絶対性を有しないとは限らない。つまり、物権と債権を区別することのできる基準は、物権が対物権であること、債権が対人権であること、のみである。この限りで両者の区別は有用ではあるものの、伝統的な意義における物権債権峻別論は、日本法においてもドイツ法においても、もはや貫徹されているとはいえない。したがって、ある債権を公示することでそれに絶対効としての物権的効果を付与する、あるいは、ある債権が物権化する、といった評価は、けっして正しくない。

　つまり、物権と債権を分ける基準は、まさに物を対象とするのか、それとも、まさに人を対象とするのか、に尽きると考えられる。したがって、絶対効を有するから物権的権利、相対効しか有しないから債権的権利、と解するのは正しくないということになる。このような理解は、物権と債権の区別を維持する場合にも、むしろ混乱をもたらす。

2　今後の課題

(1)　物権法定主義

　もっとも、今後に残された課題は多い。伝統的な見解によれば、物権は、一般的には、目的物を直接に支配し、目的物に対する侵害を除去するための請求権は誰に対しても行使することができ、かつ、その請求権の内容は他人

---

190)　労働者の引き抜きに関する判例として、最判平 22・3・25 民集 64・2・562 以下を参照。

を排除する性質をもつ、とされてきた。このため、物権は債権と比較して第三者に対して与える影響が大きい。したがって、物権の種類・数・内容が明らかにされている必要がある。このことを一般に表現するのが、物権法定主義[191]である（民法 175 条）。

　物権法定主義を採用することにより、物権は、法律によって定められていなければ、その存在が認められなくなる。もっとも、この法律に民法や特別法のみならず慣習法も含まれると解するか、あるいは、民法 175 条にいう法律に慣習法は含まれないけれども慣習法上の権利は物権として扱われると解すると、慣習法に基づく物権も物権法定主義に反しないことになる[192]。そうすると、物権に類する性質を有する権利が法律上は定められていなくても、判例によってその権利の物権的性質が認められれば、当該権利は物権法定主義に反することなく、物権として承認されることになる。

　しかし、日本法は大陸法に由来する法システムを採用し、英米法における判例法主義をとっていない。このことにかんがみると、判例による物権の承認は、実務の積み重ねによるそれとほぼ同義である。そうだとすると、慣習法あるいは判例のみによる物権の承認が物権法定主義にはたして適合しているのか、疑問の余地がある。

　物権法定主義の目的は、物権が有する絶対性を第三者に事前に認識させることにある。その認識をもたらす方法として、法律に定めをおくことと、実務における認識でたりることとでは、大きな違いがある。また、債権であっても場合によっては絶対性を認めるとすれば、その債権が第三者に与える影響は物権一般と違いがいない。そうすると、そのような絶対性をもつ債権についても、法律で定めたり、公示を求めたりする必要があるのではないか。

---

191)　ドイツ法における物権法定主義について、とりわけ、*Kern*, a.a.O. 27. S. 518 ff. を参照。
192)　この点につき、たとえば、広中俊雄『物権法（第 2 版増補）』（青林書院・1987）32 頁以下を参照。なお、民法 175 条にいう法律には、命令は含まれない。この点につき、我妻・有泉・前掲注 5・26 頁を参照。

⑵ **物権と絶対効**

　また、当該権利が絶対効をもつからこそ、法律による定めや公示が求められるのであって、法律によって定められたり公示されたりすることによって当該権利が物権化するわけではない。さらに、物権化という表現は、私見によれば、そもそも正しくない。問題は、ある権利が物権化することではなく、具体的にどのような法律効果が当該権利に認められるべきかである。その効果が絶対性をもつのであれば、その権利を公示することが要求されるのである。

　本書の分析をふまえた上で、以上の課題に、引き続き取り組む必要がある。

あとがき

　物権と債権を分けることは必要か。必要であるとすれば、その判断基準はなにか。本書の問題意識はきわめてシンプルであった。これに対する答えは、物権と債権の区別は必要であるものの、その判断基準は権利の対象が物であるか人の行為であるかに収斂される、というものである。

　この結論は、ドイツにおける物権債権峻別論に関する、法制史・立法・解釈論の観点からの分析により、明らかとなった。今日の日本法における物権と債権の法的性質および物権債権峻別論の位置づけは、ローマ法をその源流としながら、ドイツ法を含む諸外国の法制度を受け継いで、それに日本法の特徴が融合したものにほかならない。

　その結果、物権であるからといって直接性・絶対性・排他性を有するとは限らず、債権であるからといって間接性・相対性・非排他性しか有しないとは限らないことがわかった。また、賃借権の物権化をはじめとした債権の物権化、あるいは、登記されていない不動産所有権をはじめとした物権の債権化という理解の仕方も、正しくないといえよう。

　そもそも、物権であるから絶対効を有するという命題も、絶対効を物権的効果と表現するために認められてきたわけではなかったはずである。それにもかかわらず、絶対効から物権的性質を、相対効から債権的性質を導き出そうとすることは、ミスリーディングを招く。物権と債権それぞれの意義、そして物権債権峻別論を批判的に検討することは、このような誤解を解くためにも有用であろう。

　もちろん、典型的な物権は絶対効を有し、典型的な債権は相対効しか有しない。また、この限りにおいて、物権法定主義は重要である。これらの原則としての思考様式は、今後も意義をもつ。しかし、物権と絶対効、債権と相対効は、必ず結びつくという関係性にあるわけではないのである。

　物を対象とする権利は物権であり、人の行為を対象とする権利は債権であ

る。物権と債権の区別についてはこの基準にのみ従うこととした上で、日本の民法典の体系を再構成することが必要であろう。その際、たとえば、賃借権を物権として、対抗力を有しない所有権を債権として把握することも、ありうるだろう。本書における分析が、今後の権利論や体系論に有益な示唆を与えることとなれば幸いである。

　とはいえ、本書が日本の民法学界に寄与しえたことがかりにあるとしても、その内容は微々たるものにすぎない。民法学者にとって、眼前の個々の諸問題について解釈論を展開することももちろん重要な作業ではあるが、今後も、それら解釈論を根本から支えられるような基礎研究を続けていきたいと思う。

　私事になるが、最後に、父二郎と母ハル子に感謝の言葉を述べたい。父は2011年に、母は2020年に、それぞれこの世を去った。両親がいなければ私がこの世に存在しないことはいうまでもなく、また、両親からは有形無形の愛情を一身に受けた。息子として、幸せであったと思う。その両親からの愛情に十分に応えることができたのかどうかは、終生わからない。両親がこの世に在った間は、すくなくともいくらかの親孝行はできていたのではないかと、自らをただ落ち着かせるほかはない。だが、結局のところ、親の愛情に対してそれ以上に応えられる子はいない、ともいえるのかもしれない。息子としては、ただ、両親に感謝することしかできないのであろう。父さん、母さん、どうもありがとう。

2023年1月吉日
神楽坂界隈にて蒼天を見上げつつ
大場浩之

事項索引

著者紹介

大場　浩之（おおば・ひろゆき）
1977 年：鹿児島県生まれ
1996 年：早稲田大学高等学院卒業
2000 年：早稲田大学法学部卒業
2002 年：早稲田大学大学院法学研究科修士課程修了
2003-2004 年：フライブルク大学（ドイツ）留学
2004-2007 年：早稲田大学法学学術院助手
2007 年：早稲田大学大学院法学研究科博士後期課程研究指導終了・
　　　　　博士（法学・早稲田大学）
2007-2009 年：早稲田大学法学学術院専任講師
2009-2014 年：早稲田大学法学学術院准教授
2011-2013 年：マックス・プランク外国私法国際私法研究所（ドイツ・ハンブルク）
　　　　　　客員研究員
2014 年-現在：早稲田大学法学学術院教授
2014-2017 年：早稲田大学法学部学生担当教務主任
2015-2019 年：地籍問題研究会幹事
2015-2022 年：日本弁護士連合会綱紀委員会委員
2016-2018 年：日本登記法研究会世話人
2017-2018 年：早稲田大学法学部教務担当教務主任
2017-2022 年：日本土地法学会理事
2018-2022 年：早稲田大学教務部副部長
2022 年-現在：早稲田大学教務部長

【主要業績】
『不動産公示制度論』（成文堂・2010）
『物権法講義案』（成文堂・2010（初版）・2013（第 2 版）・2015（第 3 版））
『物権法』（共著・日本評論社・2015（初版）・2019（第 2 版）・2022（第 3 版））
『取得時効の裁判と登記―事例を通じて探る実務指針―』（共著・民事法研究会・2015）
『ドイツ物権法』（共訳・成文堂・2016）
『物権変動の法的構造』（成文堂・2019）

物権債権峻別論批判

2023 年 2 月 20 日　初　版第 1 刷発行

著　者	大　場　浩　之	
発　行　者	阿　部　成　一	

〒162-0041　東京都新宿区早稲田鶴巻町 514 番地

発　行　所　　株式会社　成　文　堂

電話 03(3203)9201(代)　Fax(3203)9206
http://www.seibundoh.co.jp

製版・印刷　三報社印刷　　　　　　　　製本　弘仲製本
☆乱丁・落丁本はおとりかえいたします☆　検印省略
© 2023 H. Oba　　　　　　Printed in Japan
ISBN 978-4-7923-2793-4 C3032

定価（本体 3200 円＋税）